THÉORIE PSYCHOLOGIQUE

DE

L'ESPACE

A LA MÊME LIBRAIRIE

AUTRES OUVRAGES DE M. CH. DUNAN

Essai sur les formes à priori de la sensibilité, 1 vol. in-8 . . . . 5 »

Les Arguments de Zénon d'Élée contre le mouvement, in 8 . . . . 1 50

ÉVREUX, IMPRIMERIE DE CHARLES HÉRISSEY

THÉORIE PSYCHOLOGIQUE

DE

L'ESPACE

PAR

CHARLES DUNAN

Professeur de philosophie au Collège Stanislas

PARIS

ANCIENNE LIBRAIRIE GERMER BAILLIÈRE ET Cie

FÉLIX ALCAN, ÉDITEUR

108, BOULEVARD SAINT-GERMAIN, 108

1895

THÉORIE PSYCHOLOGIQUE
DE L'ESPACE

CHAPITRE PREMIER

LA THÉORIE EMPIRISTE

I. — Le problème de la perception de l'étendue a donné lieu à deux théories opposées que Helmholtz a désignées, l'une sous le nom de *nativisme*, l'autre sous le nom d'*empirisme*. Le nativisme consiste dans cette assertion que nous percevons l'espace immédiatement et par l'exercice naturel et spontané de nos sens, de la même manière que nous percevons toutes les qualités sensibles, comme la couleur ou le son ; de sorte qu'il suffit, suivant les nativistes, d'ouvrir les yeux pour voir l'étendue d'un corps en tant qu'elle est colorée, et de poser la main sur ce corps pour percevoir son étendue en tant qu'elle est résistante. Suivant les empiristes, au contraire, l'étendue n'est jamais pour nous l'objet d'une perception immédiate : nous ne la connaissons qu'à la condition de la parcourir, et la notion que nous en prenons n'est que la notion de la série des mouvements par lesquels nous l'avons parcourue.

Telles sont les deux théories entre lesquelles nous aurons

à nous prononcer, attendu qu'il ne peut pas en exister une troisième : l'espace est perçu simultanément ou non ; il n'y a pas de moyen terme possible. Nous devons donc examiner l'une après l'autre ces deux théories. Nous commencerons par l'étude de l'empirisme.

Pour cela, il nous faut d'abord rappeler de quelle manière les partisans de la théorie empiriste, et principalement ceux de l'école associationiste[1], expliquent la formation de l'idée d'étendue. Voici comment Stuart Mill résume sa pensée et celle de M. Bain à cet égard : « Nous avons une sensation qui accompagne le mouvement libre de nos organes, de notre bras, par exemple. Cette sensation se modifie diversement par la direction et par la quantité du mouvement. Nous avons divers états de sensation musculaire correspondant aux mouvements du bras en haut, en bas, à gauche, à droite, ou dans n'importe quel rayon de la sphère dont l'articulation autour de laquelle tourne le bras forme le centre. Nous avons aussi différents états de sensation musculaire, suivant que le bras est mû *davantage*, soit avec une vitesse plus grande, soit avec la même vitesse, mais pendant plus

(1) C'est surtout chez les philosophes anglais de l'école associationiste que nous irons chercher, pour l'exposer et la discuter, la théorie empiriste de l'origine de l'idée d'espace. La raison en est que, seuls, ces philosophes ont exposé cette théorie dans ses principes psychologiques. En Allemagne, c'est plutôt au point de vue physiologique que l'on s'est placé. Helmholtz, par exemple, adopte sans discussion les bases de la théorie de Bain, sauf le changement de quelques termes, puis il s'efforce de rendre compte, d'après cette hypothèse, des caractères de la vision. Du moment que ce sont les principes mêmes de la théorie que nous avons à examiner, c'est donc principalement à MM. Bain, Stuart Mill et Spencer que nous avons affaire.

longtemps. On apprend vite que ces deux mouvements sont équivalents, en voyant qu'un plus grand effort porte la main en un temps plus court d'un même point à un même point, c'est-à-dire de l'impression tactile A à l'impression tactile B. Ces espèces et ces qualités différentes de sensations musculaires, dont nous faisons l'expérience quand nous passons d'un point à un autre, sont tout ce que nous avons en vue quand nous disons que ces points sont séparés par un espace, qu'ils sont à des distances différentes et sur des directions différentes[1]. » En d'autres termes, et pour réduire à sa plus simple expression la pensée de Stuart Mill et de M. Bain, notre idée d'un intervalle entre deux points tactiles A et B n'est rien de plus que l'idée de la série des sensations musculaires par lesquelles nous aurions à passer pour mouvoir notre main du point A au point B.

La première objection que nous opposerons à cette théorie c'est que l'idée d'espace, telle qu'elle existe chez tous les hommes, étant l'idée d'une infinité de parties simultanément existantes, c'est à tort que l'école associationiste veut en rendre compte au moyen d'une série de sensations musculaires, qui ne peuvent être que successives. Pour que la thèse des philosophes anglais fût acceptable, il faudrait de deux choses l'une : ou bien que l'on pût montrer que l'idée d'espace n'est pas celle d'une simultanéité de parties ; ou bien que l'on pût expliquer de quelle façon une série de sensations nécessairement successives, comme le sont les sensations musculaires, produit en nous l'idée d'une infinité de parties coexistantes, comme le sont les parties de l'espace. Nous allons essayer de

_____
(1) *Philosophie de Hamilton*, p. 268.

montrer que les deux voies sont également impraticables.

II. — Prétendre que les diverses parties de l'espace ne nous apparaissent pas comme simultanément existantes est assurément un gros paradoxe. Ce paradoxe ne paraît pas avoir fait peur a Stuart Mill, du moins à certains moments, car sa pensée à cet égard est assez vacillante. Ainsi, dans un passage de sa *Philosophie de Hamilton*, il déclare que « l'idée d'espace est au fond une idée de temps[1] ». Un peu plus haut, il avait dit : « La participation de l'œil à notre notion actuelle d'étendue altère profondément son caractère, et constitue, à mon avis, la principale cause de la difficulté que nous éprouvons à croire que l'étendue tire la signification qu'elle a pour nous d'un phénomène non de synchronisme, mais de succession. » Et il ajoutait : « En fait, notre conception actuelle de l'étendue ou de l'espace est une peinture oculaire, et comprend un grand nombre de parties apparaissant à la fois, ou se succédant si rapidement, que notre conscience les prend pour des parties simultanées[2]. »

Mais, si notre perception de l'espace est nécessairement successive, peut-être au moins l'espace lui-même sera-t-il composé de parties coexistantes. Non, dit Stuart Mill, et cette fois à bon droit; car « nous n'avons pas de raison de croire que l'espace ou étendue en soi diffère de ce qui nous le fait reconnaître[3] ». Et : « Cette série de sensations musculaires ou cet accroissement d'effort par lequel il

(1) Page 269.
(2) P. 268.
(3) P. 268.

est incontestable que nous sommes informés de l'étendue, *c'est l'étendue*[1]. »

Ainsi, c'est à l'intervention de la vue que serait due, suivant Mill, l'illusion de la simultanéité — faut-il dire de nos impressions sensibles ou des parties de l'espace elles-mêmes? Car il est des passages qui paraissent être en contradiction avec ceux que nous venons de citer, et dans lesquels il est dit, par exemple, que « l'idée de corps étendu est l'idée d'une variété de points résistants, existant simultanément, mais qui ne peuvent être perçus par le même organe tactile que successivement[2] ». Mais, à ce compte, l'espace devrait apparaître aux aveugles-nés comme successif. Stuart Mill pense qu'il en est effectivement ainsi, et, à l'appui de son opinion, il rapporte en entier le texte de la fameuse expérience de Platner, qu'il emprunte à Hamilton, et dans lequel il est dit, entre autres choses, ceci : « En fait, pour les aveugles-nés, *le temps tient lieu d'espace*. Le voisinage ou la distance ne signifient pour eux rien de plus qu'un temps plus court ou plus long, un nombre plus petit ou plus grand des sensations qui leur sont nécessaires pour passer d'un lieu à un autre[3]. » Il est certain, en effet, que si, pour les aveugles-nés, l'espace était une série de sensations, ou, ce qui revient au même, d'événements extérieurs successifs, il n'y aurait plus aucune objection à faire à la théorie d'après laquelle « l'idée d'espace serait au fond une idée de temps », et nous serait donnée par une série d'états musculaires. Mais, malheureusement

---

(1) Page 267. C'est Stuart Mill lui-même qui souligne ici.
(2) P. 267.
(3) P. 270.

pour cette théorie, Platner se trompe. Chez l'aveugle-né, comme chez le clairvoyant, la représentation mentale des corps est celle d'un groupe de parties coexistantes, non celle d'un groupe de parties successivement perçues ou perceptibles. On peut en appeler là-dessus à quiconque a causé seulement cinq minutes avec un aveugle [1]. Un aveugle-né conçoit les corps comme coexistant dans l'espace. Stuart Mill d'ailleurs en convient lui-même, et, avec

(1) Les témoignages à cet égard abondent. Nous nous contenterons de citer celui de M. Taine, qui a interrogé plusieurs aveugles, et qui rapporte leurs reponses. « Pour percevoir un objet nouveau, dit M. Taine (*De l'Intelligence*, t. II, p 172), il faut aux aveugles plus de temps qu'a nous, puisqu'ils sont obliges de l'explorer en detail par le toucher. Mais, cela fait, quel que soit l'objet, une sphere, un cube, même une etendue considerable, par exemple une rue, ils le pensent d un seul coup, et se le représentent en bloc. » Mes observations personnelles m'ont donné identiquement les mêmes resultats. Je demandais un jour à deux jeunes gens, complètement aveugles de naissance, et aspirants professeurs à l'Institution nationale des jeunes aveugles, comment ils se représentaient le jardin de l'Institution ou ils avaient passe toute leur enfance. Ils me repondirent, avec un parfait accord, que c'etait tout d'ensemble, et d'une vue de l'esprit absolument simultanée. J'insistai, alléguant que, puisque c'etait en le parcourant qu'ils avaient appris à le connaître, ils devaient, pour se le representer, se figurer qu'ils le parcouraient encore. Mais ils s'en tinrent à leur première assertion, et m'assurèrent que l'image qu'ils avaient dans l'esprit était indépendante de tout sentiment de locomotion personnelle. Ils différaient seulement en ce point que l'un des deux declarait ne pouvoir se representer le jardin qu'à la condition de s'y placer lui-même en esprit, soit au milieu, soit sur le perron qui y donne accès, soit dans une des fenêtres qui s'ouvrent sur ce jardin, mais toujours sans aucun mouvement ; l'autre se prétendait affranchi de cette nécessité, ce qui du reste est un point sans importance pour notre objet. Il est sûr que ceux-là du moins, sans le secours de l'œil, se representaient l'espace d'ensemble, et non par parties successives.

cette mobilité de conception dont nous avons eu déjà à signaler tout à l'heure un exemple, il déclare qu'à son avis, « l'aveugle-né peut acquérir peu à peu tout ce que renferme notre notion d'espace, excepté la peinture visible [1] ». Mais alors pourquoi soutenir que l'idée de la simultanéité des parties de l'espace est due chez les clairvoyants à l'exercice de la vue, et que, ce sens manquant aux aveugles, ceux-ci doivent n'avoir de l'espace que l'idée primitive que nous en donne le mouvement de nos membres, c'est-à-dire concevoir un intervalle entre deux points tactiles comme n'étant autre chose que la série des sensations musculaires éprouvées en passant de l'un à l'autre?

L'effort que fait Stuart Mill pour réduire l'espace au temps [2] et ramener l'idée d'espace à celle d'une succession de sensations musculaires, — si tant est qu'il ait sérieusement essayé d'opérer cette réduction, ce dont on peut douter en raison des contradictions de son langage — échoue donc pleinement. A cette constation nous n'ajouterons qu'un mot : c'est que, si l'idée d'espace était au fond une idée de temps, on ne voit pas du tout comment la géométrie pourrait être, puisque, très certainement, les idées de succession et de devenir sont tout à fait étrangères aux diverses conceptions que nous avons dans l'esprit des figures géométriques. Que nous concevions ces figures comme engendrées par le mouvement du point ou de la ligne, c'est possible ; mais leurs propriétés et leurs rapports, qui sont l'objet même de la géométrie, n'ont assurément rien de commun avec le mouvement.

(1) Page 273. V. la note.

(2) M. Taine dit de même : « Le temps est le père de l'espace. » (Intell., t. II, p. 88.)

Le problème qui s'impose aux philosophes empiristes est donc celui ci : expliquer notre idée de l'espace en tenant compte de ce caractère qui lui est essentiel, à savoir que toutes ses parties coexistent, et que nous avons de cette coexistence une connaissance qui nous vient des sens, directement ou non. Nous allons rechercher s'ils ont réussi à le résoudre.

III. — L'effort le plus sérieux peut-être qui ait été tenté en vue d'expliquer la transformation d'une série d'intuitions successives en une série d'intuitions simultanées c'est la théorie de M. H. Spencer relativement à l'*ordre renversé de nos sensations*. Cette théorie peut se résumer en des termes très simples. Lorsque j'entends une série de sons, dit en substance M. Spencer[1], mes perceptions se produisent dans un ordre déterminé et immuable ; et, comme cet ordre est successif, j'en conclus que la série des sons produits est successive. Au contraire, si je parcours l'espace du point A au point Z, j'éprouve une série de sensations échelonnées de A à Z. Mais je puis aussi parcourir le même espace de Z à A, et si je le fais, j'éprouve identiquement les mêmes sensations que j'ai éprouvées déjà de A à Z, avec cette seule différence que l'ordre de ces sensations se trouve renversé. La possibilité de renverser ainsi l'ordre de mes sensations lorsque je parcours l'espace est ce qui me fait connaître que les parties de l'espace existent simultanément, et non pas successivement.

Cette explication résout-elle la question que soulève la théorie empiriste ? Il ne le semble pas. En effet, de quelle

---

(1) *Principes de Psychologie*, t. II, § 365 sqq.

nature sera notre connaissance de la simultanéité des parties de l'espace, si cette connaissance est fondée sur la
possibilité de renverser l'ordre de nos sensations ? Ce
sera une connaissance spéculative, mais non pas une
représentation effective de nos sens. Sachant que, dans
la série dont parle M. Spencer, le terme M précède le
terme N lorsque je vais de A à Z, et que c'est le terme N
qui précède le terme M lorsque je reviens de Z a A, je
pourrai bien juger que M et N ne se succèdent pas ; mais
pourrai je juger qu'ils sont simultanés? C'est au moins
fort douteux ; car il faudrait pour cela que l'idée de
simultanéité fût une idée purement négative, l'idée de la
non-succession, et il ne paraît pas qu'il en soit ainsi. Admettons cependant pour un instant que l'idée de la
simultanéité puisse me venir de là : de quelle nature sera
cette idée, et comment concevrai-je la simultanéité d'existence des termes M et N? Evidemment, je la concevrai
comme je conçois, par exemple, que la terre est à 36 mil-
lions de lieues du soleil, c'est-a-dire sans me représenter
rien. La simultanéité des parties de l'espace demeu-
rera donc pour moi une *pure idée*. C'est bien ainsi,
du reste, que l'entend M. Spencer, puisque lui-même
déclare que, « pour une intelligence adulte, le contenu
total de cette assertion que A et B coexistent, c'est
que les états de conscience que ces deux objets produisent, chacun peut les alterner aussi souvent qu'il lui
plaît[1]. » Mais est-ce bien ainsi que se présente dans la

_____

(1) § 306. — Il est vrai que M. Spencer n'est pas toujours d'une
fidélité parfaite à cette doctrine. Par exemple, lorsqu'il étudie
la représentation visuelle de l'espace, il soutient, conformément aux principes de l'empirisme, qu'il est impossible que
nous voyions jamais deux points lumineux à la fois, du
moins *parfaitement*. « Si l'on dirige, dit-il, les deux yeux sur

conscience humaine la notion de l'existence simultanée des parties de l'espace? Concevons nous seulement ces parties comme coexistantes, ou nous semble-t-il que nous les voyons et que nous les sentons coexister? Très certainement nous croyons voir et sentir, sinon les parties de l'espace entier, du moins celles d'une étendue restreinte, toutes à la fois. Or c'est là un fait dont la réversibilité de nos sensations d'espace ne rend pas compte.

Cependant Herbart, qui déjà avait tenté d'expliquer la représentation d'espace par la possibilité de renverser la série de nos sensations[1], pensait que cette réversibilité

deux petites taches placées l'une près de l'autre sur une feuille de papier... l'un des points vers lequel, à un moment, convergent les axes visuels, est le seul perçu avec une parfaite distinction. L'autre, quoiqu'il puisse sembler perçu d'abord très clairement par l'esprit, ne peut l'être avec une distinction parfaite que quand les axes visuels convergent vers lui; et quand on transporte ainsi le regard de l'un a l'autre, le point contemplé d'abord cesse d'être perçu d'une manière aussi distincte. » (§ 366.) — Ainsi l'un des deux points adjacents serait seul l'objet d'une conscience distincte, l'autre serait l'objet d'une conscience *naissante*. Mais, dirons-nous, une conscience naissante n'est pas une conscience nulle, et les deux points considérés peuvent être assez rapprochés l'un de l'autre pour que cette conscience naissante diffère à un degré inappréciable d'une conscience parfaitement distincte. Dès lors on ne voit plus comment M. Spencer pourrait se refuser à reconnaître que la simultanéité des parties de l'espace est, non seulement pensée, mais encore perçue, du moins si l'on considère des étendues de dimensions restreintes. Du reste, à supposer même que M. Spencer pût avoir raison à l'égard de la vue, il aurait certainement tort à l'égard du toucher. Quand on met la main à plat sur un objet, est-ce un point unique, ou plusieurs points coexistants qu'on perçoit? Il est clair qu'il n'y a plus ici les mêmes raisons que tout à l'heure pour affirmer que nous ne pouvons percevoir distinctement qu'un point unique.

(1) V. WUNDT. *Psychologie physiologique*, t. II, p. 35.

de la série permettait de comprendre comment tous les points successivement perçus nous apparaissent comme liés les uns aux autres et simultanément existants, attendu qu'une certaine cohésion s'établit (en vertu de la loi d'association probablement) entre chaque sensation et les sensations voisines; de sorte que « chaque représentation assigne leur place à toutes les autres, puisqu'elle doit se passer à côté d'elles et entre elles ». Mais M. Wundt fait observer avec raison que l'on ne voit pas comment ces sortes de series progressives et régressives pourraient nous donner l'idée de la simultanéité des parties de l'espace. « Au contraire, dit-il, si les représentations se déroulant dans *une* direction sont la série du temps, on ne comprend pas pourquoi les représentations à cours rétrograde devraient être autre chose qu'une série de temps. » Et Lotze fait remarquer de son côté qu'en chantant nous montons et descendons l'échelle des tons sans que pour cela l'idée de la simultanéité des sons émis soit évoquée en nous. La difficulté signalée demeure donc toujours la même.

IV. — Mais la théorie fondée sur la réversibilité de nos sensations n'est pas le seul effort qu'aient tenté les philosophes de l'école empiriste anglaise pour expliquer l'idée de la coexistence des parties de l'étendue. Nous avons dit déjà que Stuart Mill, en plusieurs passages de sa *Philosophie de Hamilton*, fait de cette idée une sorte d'illusion due à l'intervention du sens de la vue dans l'ensemble de notre représentation du monde extérieur. Il y a donc là une seconde explication différente de celle de M. Spencer. Mais comment Stuart Mill l'entend-il, et comment le sens de la vue peut-il, selon lui, communiquer au regard de

notre conscience aux sensations par lesquelles nous est
révélé l'espace, le caractère de simultanéité que naturellement elles n'ont pas ? C'est que, dit Stuart Mill, « lorsque
ce sens est éveillé, et que les sensations de couleur sont
devenues *représentatives* des sensations musculaires et
tactiles avec lesquelles elles coexistent, le fait que nous
pouvons recevoir un grand nombre de sensations de cou·
leur au même instant (ou durant ce qui paraît tel à notre
conscience), nous met dans le même état que si nous
avions pu recevoir ce grand nombre de sensations tactiles
et musculaires au même instant. Les idées de toutes les
sensations tactiles et musculaires successives qui accom-
pagnent le passage de la main sur une surface colorée
éclairent alors l'esprit d'une manière soudaine, et des
impressions qui étaient successives deviennent coexistantes dans la pensée[1]. » Telle est l'opinion de Mill, que
partagent du reste M. Bain et même M. Spencer, bien que
ce dernier eût pu se dispenser, à ce qu'il semble, de faire
intervenir la vue pour rendre compte d'un phénomène
qu'il avait déjà expliqué sans le concours de ce sens. Il
nous reste à rechercher si cette nouvelle tentative des
philosophes empiristes a été plus heureuse que la précédente, et si le sens de la vue, « avec sa merveilleuse puissance d'abréger les opérations de l'esprit[2] », peut communiquer le caractère de la simultanéité à des souvenirs
de sensations musculaires qui, par elles-mêmes, sont
essentiellement successives.

La thèse de Stuart Mill, on l'a bien compris, c'est qu'en
vertu des associations qu'elles ont contractées avec les

(1) *Philosophie de Hamilton*, p. 272.
(2) P. 271.

sensations auxquelles donne lieu la locomotion du corps, les sensations visuelles peuvent en quelque sorte remorquer ces dernières, les rappeler à leur suite, et, comme elles-mêmes sont simultanées, nous donner l'illusion de la simultanéité des autres. Ainsi, c'est sur la puissance de la loi d'association que compte Mill pour opérer, au regard de notre conscience, la transformation de la série successive de nos sensations de locomotion en une série simultanée. Mais il est facile de voir que, si la loi d'association paraît en effet travailler en ce sens, elle travaille aussi, et beaucoup plus fortement sans doute, en sens contraire, puisque nos sensations de locomotion, nous étant toujours données en succession, sont nécessairement associées entre elles d'après l'ordre successif, et non d'après l'ordre simultané. Il y a donc là comme deux tendances antagonistes : l'une en vertu de laquelle les sensations de locomotion s'agrégeraient aux sensations visuelles, et prendraient le caractère de simultanéité qu'ont ces dernières; l'autre en vertu de laquelle ces mêmes sensations s'agrégeraient fortement entre elles, et garderaient le caractère d'une série successive qui leur appartient en propre. De ces deux tendances laquelle devra l'emporter? C'est évidemment la seconde.

Comment veut-on, en effet, qu'une association factice et accidentelle entre deux éléments aussi hétérogènes qu'un point lumineux et une sensation produite soit dans les muscles, soit dans la sensibilité générale par la locomotion du corps, puisse prévaloir sur l'association qui s'établit entre l'une des sensations de ce dernier ordre et celle qui la suit, lesquelles sont parfaitement homogènes et comme soudées l'une à l'autre, puisque la première prépare la seconde, et que la seconde n'est que la continuation et comme une

nouvelle phase de la première? Et comment voudrait-on
encore que la loi d'association pût suffire à communiquer
au regard de notre conscience le caractère de la simultanéité à la série des sensations auxquelles donne lieu en
nous la locomotion du corps, alors qu'une expérience cons-
tante nous a toujours présenté ces sensations comme
successives, et que notre nature répugne absolument, à
ce qu'il semble, à l'idée même de leur simultanéité?

Du reste, il n'est pas besoin d'accumuler les raisons
pour convaincre d'erreur sur ce point MM. Mill, Bain et
Spencer; un simple appel à la conscience suffit. Que l'on
regarde dans l'espace un point qui ne soit pas trop éloigné, à la distance de cent mètres, par exemple; que l'on
cherche à se représenter mentalement la série des pas
qu'il faudrait faire pour y atteindre; et qu'on dise si les
différents termes de cette série apparaissent à la conscience en simultanéité ou en succession. Donc, en admettant, ce que nous voulons bien, qu'il s'établisse des
associations entre les images visuelles et les sensations
musculaires auxquelles donnent lieu les mouvements du
corps, il est certain que les premières n'éveillent jamais
les secondes que dans l'ordre successif, et, par conséquent,
il n'y a pas à compter sur le sens de la vue pour communiquer aux sensations musculaires, ne fût-ce que d'une
manière apparente, le caractère de simultanéité qui ne
leur appartient pas naturellement.

Un mot encore pour en finir. Lorsque nous regardons
une surface colorée de teinte uniforme, tous les points de
cette surface nous apparaissent évidemment identiques les
uns aux autres : comment dès lors comprendre qu'une
association puisse s'établir entre l'image toujours la même
de l'un de ces points et l'une des sensations musculaires,

toutes différentes entre elles, auxquelles donnerait lieu
en nous la description de cette surface par nos membres
locomoteurs? Comment un point coloré pourrait-il suggérer le souvenir d'un état musculaire, et un autre point
identique au premier, le souvenir d'un état musculaire
différent? Pour que la théorie des philosophes anglais
pût se soutenir, il faudrait qu'ils admissent des associations entre les divers états musculaires de l'œil, lesquels
sont seuls différenciés entre eux, et des états musculaires correspondants des organes locomo'eurs. Mais,
outre que ce n'est plus là du tout leur pensée, il est clair
que la théorie qu'ils soutiennent n'aurait absolument rien
à gagner à la modification dont nous parlons. En effet, si
les sensations de couleurs auxquelles donne lieu l'exercice de l'œil peuvent nous apparaître comme simultanées,
en raison de l'extrême rapidité avec laquelle elles se produisent, les sensations musculaires de l'œil sont au contraire irrémédiablement successives, comme celles des
organes locomoteurs; et, par conséquent, l'association
qu'on supposerait exister entre ces deux séries de sensations musculaires ne ferait pas avancer d'un pas la question de savoir comment les parties de l'espace, si elles
sont réellement perçues par le sens musculaire, peuvent
apparaître à notre conscience comme simultanées.

V. — Ainsi, de toutes façons, l'idée que nous ayons de
la simultanéité des parties de l'espa⸗ demeure inexplicable dans la théorie empirique. A cette première objection on en peut ajouter une autre, que Wundt a formulée
le premier [1], et qui n'est pas moins grave.

(1) *Grundzüge der physiologische Psychologie*, p. 638-640,
V. Ribot, *Psychologie allemande*, p. 151.

Suivant l'empirisme, l'idée d'une étendue n'est pas autre chose que la série des sensations auxquelles donne lieu la locomotion du corps nécessaire pour parcourir cette étendue. Les sens spéciaux, la vue et le toucher, n'ont donc aucune part à la constituti n de cette idée. Mais quelle représentation pouvons-nous avoir des choses sensibles en dehors de toute intervention des sens spéciaux ? Certainement aucune, attendu que, sans nier qu'il y ait des images du sens musculaire, comme il y en a des sens spéciaux, on doit reconnaitre cependant que la constitution de ces images indépendamment de toute immixtion d'images tactiles ou visuelles est impossible. Donc, par cela même que l'empirisme exclut, comme nous venons de le dire, de la perception de l'espace toute participation des sens spéciaux, il rend impossible la constitution de l'idée d'espace en elle-même et pour elle-même. Dès lors ce que nous feront connaitre nos sensations effectives, dans lesquelles entrent des éléments dus soit à la vue, soit au toucher, en même temps que des éléments dus au sens musculaire, ce ne sera pas l'espace, qui est purement musculaire, mais quelque chose de différent, et qui pourra nous en tenir lieu, des signes ou des symboles de l'espace par conséquent. C'est ce que reconnait très bien Helmholtz lui-même : « La proposition fondamentale de l'empirisme, dit Helmholtz, c'est que : *Les sensations sont pour notre conscience des signes dont l'interprétation est livrée a notre intelligence* [1]. » Mais un signe est nécessairement le signe de quelque chose, et de quelque chose de connu. Si donc on n'admet pas que nous connaissions l'espace directement et en

(1) *Optique physiologique*, p. 1001.

lui-même, on ne peut pas admettre davantage que nous
le connaissions indirectement et par signes. Ce qui peut
se comprendre, et ce qui du reste est la vraie pensée
d'Helmholtz, c'est qu'un sens, le tact par exemple, percevant l'espace d'une manière effective, un sens différent, tel que la vue, soit incapable de le percevoir également, puisque ce qui est objet de tact ne peut être en
même temps objet de vision. Mais les perceptions de ce
dernier sens, en vertu de leur association avec celles du
premier, pourront rappeler celles-ci; et, par conséquent,
les perceptions visuelles que nous éprouvons nous sug-
géreront le souvenir de perceptions tactiles que nous
n'éprouvons pas : ce qui revient à dire que la vue nous
fournit des signes, non pas de l'espace, mais des perceptions tactiles par lesquelles l'espace nous est révélé.

Mais parler ainsi c'est renoncer à l'empirisme, ou
plutôt c'est donner son adhésion au nativisme et à l'empirisme à la fois de la façon la plus inconséquente. S'il y
a des raisons pour nier que la vue soit capable de percevoir directement l'étendue, ces mêmes raisons doivent
valoir pour le tact. C'est donc se mettre dans une position
intenable que d'adopter l'empirisme à l'égard d'un sens
et le nativisme à l'égard de l'autre. Si l'on est empiriste,
il faut l'être tout à fait. Mais alors on est conduit invin-
ciblement à cette conséquence que nous ne pouvons
avoir de l'espace aucune idée, aucune représentation ni
directe, ni indirecte, ni même seulement symbolique;
puisque encore une fois une représentation symbolique
suppose avant elle une connaissance réelle et constituée à
part, ce qui est impossible suivant la doctrine empiriste.
Voici enfin une dernière objection à l'empirisme : celle-
ci d'ordre métaphysique.

Les empiristes prétendent que nous sommes incapables de percevoir d'un seul coup une portion réelle de l'espace, et que toute étendue, si petite qu'elle soit, est toujours perçue successivement, c'est-à-dire par parties. Cela implique que nous ne percevons jamais de l'espace qu'un point indivisible à la fois, et que, par conséquent, l'idée que nous avons d'une étendue donnée c'est l'idée d'une multitude de points contigus les uns aux autres. Or, de même que, pour des raisons faciles à apercevoir, on ne peut pas admettre que l'espace soit composé de points sans étendue juxtaposés, on ne peut pas admettre non plus que notre idée de l'espace soit celle d'une multitude de points agglomérés, parce que, à l'égard de l'espace lui-même et à l'égard de l'idée de l'espace, l'absurdité de la supposition est la même.

Ainsi l'empirisme implique une erreur absolue relativement à la nature de l'espace. Il est aisé de voir qu'il implique encore relativement à la nature du temps une erreur toute semblable. En effet, si nous ne percevons jamais qu'un point de l'espace à la fois, c'est, apparemment, que notre perception ne dure jamais que l'instant indivisible, puisque, si cette perception avait une durée effective, il n'y aurait aucune raison pour qu'elle n'eût pas comme objet une étendue effective. Donc le présent dans lequel nous vivons n'est qu'un instant indivisible, et par conséquent, tous les instants indivisibles du temps nous sont donnés les uns après les autres : c'est-à-dire que le temps est composé d'instants indivisibles, comme l'espace de points indivisibles : deux suppositions également absurdes.

Concluons donc définitivement que l'empirisme est une doctrine fausse, et qu'il faut chercher ailleurs une explication véritable de la manière dont nous percevons l'espace.

CHAPITRE II

LA THÉORIE NATIVISTE

I. — Si l'empirisme est faux, il faut nécessairement
que le nativisme soit vrai, puisque, comme nous l'avons
dit déjà, entre ces deux théories il n'y a pas de place
pour une troisième. Mais, si l'on adopte le nativisme, il
importe de le bien entendre, afin de ne pas le pousser à
des exagérations qui en feraient une thèse absurde. Ce
qui résulte des discussions qui précèdent, et ce que nous
considérerons désormais comme acquis, c'est que le sens,
quel qu'il soit, qui perçoit l'étendue, la perçoit non pas
successivement, mais simultanément, non pas par points
indivisibles, mais par masses. Mais, le principe admis, il
reste à savoir quelles applications en seront faites, et
comment se constituera la théorie qui lui donne satis-
faction. On va voir qu'à cet égard nous sommes loin
d'être d'accord avec la majorité des psychologues nativistes.

Le nativisme, entendu comme on l'entend communément, donne lieu à plusieurs objections graves, auxquelles il est impossible de répondre : et c'est là sans
doute la raison pour laquelle il est généralement consi-

déré comme une théorie faible, dont le progrès de la
science amènera un jour la disparition. D'abord, par cela
même qu'il considère la perception de l'étendue comme
un fait immédiat, il présente cette perception comme un
phénomène qui se produit à un moment donné du temps,
et qui pourtant n'a pas d'origine assignable, ce qui est
pour le moins étrange. C'est ce que Lotze a très bien
compris et fait comprendre. La grande erreur du nativisme, suivant Lotze [1], c'est de supposer dans ses explications ce qui est en question ; de prétendre montrer
comment nous percevons l'espace, et de supprimer le
processus générateur de la perception que nous en avons;
en un mot, de faire de chaque représentation particulière d'étendue l'objet d'une intuition innée du sujet
conscient, alors qu'il s'agissait d'expliquer comment s'est
formée l'idée de cette étendue.

On sera tenté peut-être de répondre à cette objection
qu'il n'est pas évident que toute représentation implique
un processus générateur, et qu'il est même des représentations qui certainement n'en admettent point, la
couleur, par exemple, et, d'une manière générale, les
sensations spécifiques de nos cinq sens. Mais peut-on
bien assimiler à ce point de vue l'étendue aux sensations
spécifiques de nos sens? La couleur, considérée en elle-
même et abstraction faite de son union avec l'étendue,
n'admet aucune pluralité de parties, aucune division
d'aucune sorte, parce qu'elle est une réponse immédiate

---

(1) Voir à ce sujet l'ouvrage de Lotze intitulé *Medicinische
Psychologie*, liv. II, un article du même auteur publié dans
la *Revue Philosophique* de novembre 1877, et le chapitre con-
sacré par M. Ribot à Lotze dans sa *Psychologie allemande
contemporaine*.

du sens visuel aux impressions venues du dehors; mais peut-il en être de même pour l'étendue, qui est essentiellement pluralité, juxtaposition de parties, ordre sériel et rapports de grandeur entre ces parties? Évidemment, non. Lotze a donc raison dans la critique qu'il fait ici du nativisme.

Un autre caractère de la même théorie, c'est d'impliquer que nous percevons l'étendue sans aucun mouvement de l'organe percepteur. Ce point donne lieu à une seconde objection de Lotze [1], non moins bien fondée, à notre avis, que la première : à savoir que, d'après le nativisme, nous percevrions telles qu'elles sont en elles-mêmes des étendues qui existent hors de nous; de sorte qu'il faudrait admettre une harmonie préétablie entre nos facultés de perception et la nature des choses extérieures. Que ce soit là, en effet, une conséquence qui s'impose, il est facile de s'en rendre compte. Car, si le sujet sensible perçoit l'espace sans mouvement de ses organes, il est impossible qu'il construise en aucune manière la notion qu'il s'en fait; et s'il ne construit pas cette notion, c'est qu'il la reçoit toute construite d'avance, comme une chose qui lui est donnée et dont il n'est pas l'auteur : ce qui suppose, comme le dit Lotze, que l'idée que nous avons d'une étendue est la copie exacte et le décalque de cette étendue, laquelle existe indépendamment du sujet qui la perçoit. Or il est incompréhensible et absurde de supposer que la nature ait conditionné nos organes justement de la manière qu'il fallait pour nous permettre de percevoir l'espace tel qu'il est en soi.

(1) C'est aussi la grande objection de Helmholtz, qui déclare qu'elle est « suffisante pour lui ». (*Opt. phys.*, p. 1020.)

Et cette raison est d'autant plus forte, que ce n'est pas seulement l'existence d'une harmonie préétablie entre notre pensée et les choses extérieures que suppose le nativisme contre lequel proteste Lotze, c'est en quelque sorte l'existence d'une harmonie double, puisqu'un seul et même espace pouvant, d'après cette doctrine, être perçu à la fois par le tact et par la vue, il faut que le tact et la vue soient adaptés tous deux de manière à percevoir cet espace, et par suite soient adaptés l'un à l'autre : ce qui implique entre les organes du tact et ceux de la vue des similitudes de structure tout à fait extraordinaires, et qu'aucun anatomiste n'admettra jamais.

II. — Une troisième conséquence du caractère immédiat de la perception de l'étendue, suivant la théorie nativiste que nous discutons, conséquence non moins inadmissible que les précédentes, c'est que cette perception, étant parfaitement une et simultanée, ne dure pas, et par conséquent ne peut prendre place dans le temps. Mais c'est ce qui ne peut être, car tout phénomène de conscience dure nécessairement, et occupe dans le temps une place. On pourrait ici encore objecter les sensations spécifiques de nos cinq sens, la sensation de couleur par exemple, laquelle est une et simultanée; mais la réponse est aisée. Si la perception de la couleur est réelle, bien qu'étrangère en soi à la nature du temps, c'est que cette perception s'unit à celle de l'étendue, dont elle prend par là même le caractère, devenant ainsi sujette de la loi du temps *par accident*, comme eût dit Aristote. Mais que la perception de l'étendue, au lieu d'être multiple et successive, soit elle-même une et simultanée, où irons-nous chercher encore une perception dont l'alliance lui permette de remplir les conditions en dehors desquelles rien n'existe pour la conscience?

Enfin, dernière objection. Le nativisme, par cela même qu'il suppose la perception de l'étendue parfaitement une, immédiate, et ne requérant aucun mouvement des organes, ne peut concevoir les étendues ainsi perçues que comme rigoureusement définies, délimitées, et rigides en quelque manière. En d'autres termes, il fait de chaque étendue perçue dans ces conditions une donnée absolue de la représentation du sujet. C'est ce qui est encore inadmissible.

L'empirisme composait l'espace au moyen de points indivisibles : le nativisme, compris comme nous venons de le dire, le compose — en tant que représentation sans doute, mais c'est la même chose de le composer comme objet de représentation ou comme objet en soi — d'étendues déterminées et également indivisibles : où est la différence des deux procédés, et en quoi le second pourrait-il être jugé moins incorrect que le premier? Il est vrai que les difficultés qu'on rencontre ne sont pas tout à fait les mêmes de part et d'autre; mais elles ne sont pas moins grandes ici que la. Il est impossible, comme l'a bien montré Pascal, de comprendre que des points sans étendue s'ajoutent les uns aux autres, se juxtaposent, et forment par là un tout continu. La composition de l'espace total se comprendrait mieux, ce semble, comme résultant de la juxtaposition d'étendues déterminées (encore cela n'est-il pas sûr, parce qu'on rencontrerait alors les problèmes embarrassants auxquels donnent lieu les idées de limite et de contact entre des limites); mais qui ne voit qu'une étendue déterminée ne peut jamais être indivisible, ce qui pourtant serait la condition nécessaire à remplir pour qu'une telle étendue pût être considérée comme un composant ultime, soit de quelque étendue plus grande, soit de l'espace lui-même?

A l'égard du temps c'est la même chose, et l'on se heurte à des impossibilités analogues. En effet, l'intuition toute d'une pièce d'une étendue donnée, si elle pouvait avoir lieu, devrait se faire dans une durée donnée, ou bien dans un instant indivisible. Si l'on dit que c'est dans un instant indivisible, on compose le temps avec des instants indivisibles, exactement comme faisait l'empirisme, en joignant toutefois à l'erreur de cette doctrine une anomalie et une inconséquence : car il n'est pas naturel, si l'espace nous est donné par masses, que le temps nous soit donné par points. Si l'on dit que c'est dans une durée donnée, il faut admettre que cette durée est indivisible, c'est-à-dire qu'elle est parfaitement simultanée, puisque, si elle était successive, l'étendue correspondante serait perçue successivement, donc par parties, ce qui est contre l'hypothèse. Dès lors on doit concevoir le temps comme composé de durées partielles qui se succèdent les unes aux autres, mais dans le corps desquelles il n'y a aucune succession, ce qui est absurde, puisque dans une durée, si courte qu'on la suppose, il y a toujours des parties qui se succèdent.

III. — A quoi tiennent toutes ces difficultés, ces incohérences, ces absurdités? — Nous l'avons dit : à une cause unique, qui est la supposition implicite que la perception se fait sans mouvement d'aucune sorte de l'organe percepteur. Mais comment introduire le mouvement dans l'organe qui perçoit sans revenir à la théorie empiriste que nous avons reconnu la nécessité d'exclure? Sans

doute, si le seul mouvement qu'il fût possible d'attribuer
à l'organe percepteur était un mouvement de translation
ou de déplacement dans l'espace, un choix s'imposerait
entre le nativisme qui veut que l'organe soit immobile et
l'empirisme qui le suppose se déplaçant dans l'espace; et
comme ce sont là deux thèses inadmissibles, la question
demeurerait radicalement insoluble. Mais, en dehors du
mouvement de translation, il y a encore ce que l'on peut
appeler le *mouvement sur place*, c'est-à-dire ce mouvement
qui n'est qu'une réaction de l'organe contre les impressions venues du dehors; mouvement par lequel la sensation est rendue active, et qui est le résultat immédiat de
l'entrée en exercice de l'énergie musculaire. Du moment
où l'on admet que la perception de l'espace se fait par les
sens spéciaux, la vue ou le toucher, — ce qui est le fond
de la thèse nativiste — on doit naturellement y faire
intervenir cette dernière forme du mouvement, puisque la
perception devient alors une fonction des organes de ces
sens, et qu'il est de toute évidence qu'un organe ne peut
exercer une fonction quelconque sans se mouvoir, non
pas dans l'espace, mais sur lui-même. Donc le principe
nativiste, bien loin d'exclure le mouvement interne de
l'organe, le suppose expressément, et il est incompréhensible que si souvent les nativistes aient cru pouvoir s'en
passer.

Ce qui caractérise le mouvement sur place, ou mouvement organique, c'est qu'à l'inverse du mouvement de
translation il occupe, non plus un moment du temps ni
un point de l'espace, mais une durée et une étendue
réelles, durée et étendue qui demeurent pourtant inassi-
gnables. parce qu'elles varient sans cesse; de même que
l'amplitude d'un corps qui se dilate ou qui se contracte

d'une manière continue est impossible à déterminer rigoureusement, sans que pour cela on puisse dire que cette
amplitude n'est rien. C'est donc le mouvement organique
qui seul appartient véritablement au temps et à l'espace.
L'autre, ne portant jamais que sur des instants indivisibles et sur des points mathématiques, qui sont des fic-
tions de l'esprit, a sans doute, malgré tout, son fondement
dans les lois de la nature et dans celles de notre représentation. Ce n'est donc pas une illusion pure. Mais ce
serait une erreur de croire qu'il se suffise à lui-même, et
surtout qu'il suffise à l'explication intégrale des phénomènes de l'univers. Le mouvement organique, au contraire, donnant le temps et l'espace, bien plus qu'il n'est
donné en eux. est le véritable principe duquel tout l'ordre
phénoménal procède. Vouloir mettre a la base de la représentation, c'est-à-dire, en définitive, à la base de tout, le
mouvement de translation, comme l'ont fait les empiristes,
était une erreur grave; mais il est absolument légitime et
nécessaire d'y mettre le mouvement organique.

IV. — Voyons maintenant si, avec cette nouvelle conception, les difficultés qu'on oppose au nativisme ordinaire, et que nous avons signalées, vont pouvoir être
levées.

D'abord, si la perception exige un mouvement, fût-ce
un mouvement organique et sur place, elle n'est plus
immédiate, et par suite elle admet un processus générateur, dont il pourra y avoir lieu de chercher l'explication.

En second lieu, il est clair qu'elle n'est plus instantanée,
et qu'elle prend place dans le temps avec le mouvement
qui l'engendre.

L'objection de Lotze et de Helmholtz mérite de nous

arrêter davantage. Ces philosophes ne veulent pas que nos organes sensoriels aient reçu de la nature une structure appropriée à la perception de l'espace et là-dessus nous n'avons pu que leur donner raison. Mais pourtant, à moins de nier résolument toute perception de l'espace, et de prétendre que l'espace ne se manifeste à nous que par des signes et des symboles, ce qui est inadmissible pour les raisons que nous avons dites, il faut bien reconnaître que l'espace entre dans nos perceptions en quelque manière, comme le pensent les nativistes, et que, par conséquent, il y a une harmonie et une corrélation de nature entre lui et nos organes. Mais c'est qu'en dehors de l'hypothèse qui met l'organe sous la dépendance de l'espace et de celle qui rompt tout lien entre eux, il y a une troisième hypothèse qu'il faut envisager à son tour, et qui consiste à mettre l'espace sous la dépendance de l'organe, c'est-à-dire à penser que c'est l'organe même qui donne à l'espace sa forme et sa structure. Et cette dernière hypothèse ne s'impose pas seulement parce que les deux autres doivent être rejetées; elle a encore pour elle des raisons propres et positives.

En effet, nier que la forme de l'espace dépende du sens qui le perçoit, c'est faire de l'espace une réalité extérieure à la sensation et un véritable *objet* pour le sens. Or c'est là une idée qui, bien que très répandue, très naturelle à l'esprit, pouvant même invoquer des patronages célèbres, comme celui d'Aristote, l'auteur de la théorie des *sensibles communs*, c'est-à-dire des qualités sensibles susceptibles d'être perçues indifféremment par plusieurs sens, n'en est pas moins très certainement une idée fausse. Comment veut-on que nos sensations puissent avoir, à proprement parler, des *objets*, et par conséquent nous faire connaître

autre chose qu'elles-mêmes? Sans doute, on comprend
qu'une sensation associée dans notre esprit avec l'idée
d'une chose éveille en nous cette idée lorsqu'elle-même
vient à se reproduire; mais qu'une sensation puisse nous
apporter la notion d'une réalité extérieure à elle-même et
étrangère au sujet conscient, c'est ce que l'on n'est pas
en droit d'admettre. Quoi qu'en aient dit les Stoïciens, et
après eux les Ecossais, il ne peut pas exister de signes
proprement *révélateurs*. Or, qu'on le remarque bien, pour
que nos sensations pussent nous faire connaître des qualités des corps qui seraient comme leurs *objets* ou leurs
contenus, il faudrait que nos sensations fussent proprement
des *signes révélateurs*. Ainsi les qualités sensibles ne nous
sont pas manifestées par nos sensations; elles sont nos
sensations elles-mêmes. La couleur n'est pas l'objet ni le
contenu de la sensation visuelle; *elle est la sensation
visuelle*, détachée de nous suivant une loi, et ayant pris
l'apparence objective. Il en est de même pour l'espace.
L'espace n'est pas précisément une sensation au même
titre que la couleur par exemple : il est plutôt la *forme*
(au sens kantien du mot) de la sensation que la sensation
elle-même; mais bien qu'il ne soit pas toute la sensation
(laquelle suppose à la fois matière et forme), il n'en est
pas moins relatif à la nature du sens auquel il appartient,
et par suite, à la structure de l'organe par le moyen
duquel ce sens s'exerce.

Et maintenant, comment ne pas voir que cette solution
nécessaire du problème des rapports de l'espace avec le
sens qui le perçoit, cette solution qui met l'espace sous la
dépendance de l'organe, est précisément celle qu'implique
et que donne le nativisme entendu comme nous l'entendons? L'espace et l'organe, ainsi que nous le disions plus

haut, sont nécessairement adaptés l'un à l'autre. Puisque ce n'est pas l'espace qui conditionne l'organe, c'est donc l'organe qui conditionne l'espace. Or il n'y a qu'une manière de comprendre comment l'organe conditionne l'espace, c'est d'admettre qu'il se meut, non pas par rapport aux autres corps de la nature, mais sur lui-même.

Il reste un dernier point à examiner; c'est-à-dire qu'il faut montrer encore comment, avec cette conception nouvelle, la nature du temps et de l'espace devient intelligible; mais nous n'insisterons pas sur cette question, parce qu'elle est d'ordre métaphysique, et que, pour la traiter avec tous les développements qu'elle comporte, il nous faudrait sortir du cadre naturel d'un travail tel que celui-ci.

Nous avons vu que l'espace ne peut être composé ni d'indivisibles inétendus, ni d'indivisibles étendus; et comme, s'il est composé, il faut nécessairement qu'il le soit d'indivisibles; comme, d'autre part, tout indivisible est forcément étendu ou inétendu, nous sommes en droit de conclure de là que l'espace n'est point composé du tout, et par conséquent, d'affirmer son unité. Mais, si l'espace est un, il faut, évidemment, que la représentation que nous en avons soit une, et que dans cette représentation il entre tout entier : ces deux conditions, du reste, ne sont deux qu'en apparence, car il est clair que, si l'espace est un, il est tout entier partout où il est. Or il est évident que la représentation constituée par le mouvement organique est une en elle-même, puisqu'elle ne se fait point par addition de parties. Donc dans cette représentation l'espace tient tout entier, au sens où il est permis de dire qu'il est un et indivisible, ce que nous n'avons pas à examiner ici.

V. — Les philosophes nativistes admettaient que nous percevons l'espace sans déplacement d'aucune sorte de nos organes : on a vu comment nous nous séparons d'eux sur ce sujet. Mais il est un autre point sur lequel leur doctrine nous paraît encore inadmissible : c'est à l'égard, de la mesure de l'étendue, qu'ils supposent nous être donnée en même temps que la perception de l'étendue elle-même. Nous avons montré plus haut, en opposition avec l'empirisme, que le mouvement par lequel nous parcourons l'espace ne nous le fait pas percevoir. Il nous faut maintenant faire voir, contre le nativisme, que les impressions de nos sens, par lesquelles l'espace nous est révélé, ne nous en donnent pas la mesure; de sorte que nous pouvons résumer notre pensée dans cette assertion contre laquelle s'élèveraient les deux écoles à la fois, que percevoir l'espace et le mesurer sont deux opérations radicalement distinctes, et logiquement indépendantes l'une de l'autre.

Quelque peu conforme qu'elle soit aux idées communément reçues, cette assertion est aisée à justifier par l'expérience dans sa teneur générale. Quand nous regardons, par exemple, une porte d'appartement à dix pas, nous avons bien conscience d'en avoir une vision intégrale et simultanée; mais nous avons conscience aussi d'avoir besoin, pour en mesurer la hauteur, de promener sur elle le rayon visuel de haut en bas, en la divisant au moyen d'une unité dont nous avons dans l'esprit l'image plus ou moins précise. Mais voici un fait plus frappant encore et plus décisif à cet égard. L'un des chirurgiens qui ont rendu la vue à des aveugles nés, le Dr Dufour, de Lausanne [1], présentait au nouvel opéré deux petits rectangles

(1) *Guérison d'un aveugle-né*, par le Dr DUFOUR, chez Cobraz, à Lausanne.

de papier blanc ayant même base, mais l'un une hauteur double de celle de l'autre. Celui-ci vit bien qu'il y avait une différence entre ces deux objets; mais il ne put dire de quelle nature était cette différence, ni, à plus forte raison, laquelle des deux feuilles de papier était plus grande que l'autre. Il percevait donc, évidemment, l'étendue, puisque la différence qu'il reconnaissait était purement de nature extensive; mais il ne la mesurait en aucune manière, puisque autrement il n'eût pu manquer de s'apercevoir que la différence qu'il constatait était une différence de grandeur.

Ces raisons d'expérience ne sont pas les seules qu'on puisse invoquer contre ce nativisme exagéré qui prétend que percevoir l'espace et le mesurer c'est tout un. Suivant les partisans de cette thèse nous apprécierions la grandeur d'une surface, par exemple, d'après la masse plus ou moins grande des points lumineux ou tactiles dont notre œil ou notre main reçoivent l'impression. Mais, à l'égard des surfaces perçues visuellement, c'est là une doctrine manifestement insoutenable; car la masse des points lumineux que leur image forme sur la rétine varie avec leur distance, et cela pour une même surface. A l'égard des surfaces perçues tactilement, l'erreur des nativistes n'est pas moins certaine. Si, en effet, on recherche comment la mesure de l'étendue par le sens du tact s'opère chez les aveugles (il conviendra de s'adresser à des aveugles plutôt qu'à des clairvoyants, afin d'éviter l'immixtion des sensations visuelles aux sensations tactiles, et d'obtenir ces dernières à l'état de pureté), voici ce que l'on constate. Le seul moyen qu'ait un aveugle de se rendre compte de la grandeur d'un corps c'est de parcourir avec le doigt les lignes au moyen desquelles se

mesure la surface de ce corps. Par exemple, si vous met-
tez entre les mains d'un aveugle un livre ou un cahier
dont les dimensions ne lui soient pas parfaitement connues, il commencera par appuyer ce livre ou ce cahier
contre sa poitrine, de façon à le tenir dans la position
horizontale; puis, joignant les deux mains au milieu du
bord opposé à celui qui repose contre son corps, il les
écartera jusqu'a ce qu'il arrive aux deux extrémités de
la ligne qu'il parcourt : alors, mais alors seulement, il
sera en mesure de vous dire quelle est la longueur de
l'objet. Quelquefois cependant, en portant simplement ses
mains aux deux extrémités d'une ligne de points maté-
riels, l'aveugle pourra en apprécier la longueur : c'est que
des expériences maintes fois répétées ayant associé dans
son esprit le sentiment qu'il a actuellement de l'écartement de ses bras avec l'idée de telle longueur précise,
d'après ce sentiment il reconnait de suite cette longueur.
Mais l'opération primitive par laquelle il juge des étendues n'est pas modifiée pour cela; l'habitude la seulement un peu abrégée. Pour l'estimation des surfaces plus
petites, et qu'il peut mesurer avec la main, le procédé est
le même. Jamais, dans ce cas, l'aveugle ne posera sa
main à plat sur l'objet; il le saisira entre le pouce et l'un
des quatre autres doigts, ou les quatre autres doigts
ensemble, et jugera de sa grandeur d'après l'écartement
de ces mêmes doigts, dont il a un sentiment d'une précision étonnante.

On voit par là que tout n'est pas vérité dans le nativisme et erreur dans l'empirisme. Le nativisme a raison
quand il soutient que la perception de l'espace est immédiatement fournie par les sens; mais l'empirisme a raison
aussi quand il affirme que la mesure de l'espace ne peut

être obtenue que par un mouvement de translation à travers l'espace à mesurer. C'est qu'il y a lieu de distinguer ce que les deux écoles à la fois ont confondu, à savoir, l'étendue elle-même et la *quantité* de l'étendue, c'est-à-dire ce qui la mesure. L'étendue a sa quantité, mais elle est en elle-même autre chose qu'une quantité : elle est une *nature*, c'est-à-dire une propriété, et même la propriété fondamentale de tous les corps. Aussi se perçoit-elle comme se perçoivent toutes les propriétés des corps, par l'exercice de nos sens. Mais l'exercice de nos sens ne nous donne pas par lui-même des quantités, parce que des quantités sont des rapports intelligibles. On ne peut donc pas, avec les empiristes, ramener purement et simplement l'idée d'une étendue donnée à l'idée d'une certaine quantité de mouvement effectué : l'étendue est en soi autre chose que le mouvement; et même elle lui préexiste logiquement, puisque c'est en elle seule que le mouvement est possible. Mais on ne peut pas davantage, avec les nativistes, dire que par le fait même que nous percevons l'espace nous en connaissons la grandeur; car la grandeur d'une portion de l'espace, c'est à-dire l'intervalle qui s'étend entre ses extrémités, c'est, comme dit M. Bain « la carrière dans laquelle un mouvement d'une certaine amplitude est possible ». Or la condition pour savoir quelle est l'amplitude du mouvement par lequel nous serions conduits d'un point à un autre de l'espace, c'est d'effectuer ce mouvement. Il est certain que pour mesurer un intervalle il faut le parcourir; qu'un intervalle de dix pas, par exemple, c'est dix pas à faire; et qu'enfin nul ne peut avoir l'idée d'un intervalle de dix pas entre deux objets s'il n'a pas fait lui-même les dix pas, ou s'il ne les conçoit pas comme possibles. Le nativisme, en supposant que l'œil ou la main peuvent, sans déplacement d'aucune sorte, juger des dimensions d'un corps, a donc commis une grave erreur.

VI. — En résumé, la théorie que nous défendons se rattache au nativisme de deux manières : d'abord, par cette idée que nous percevons l'espace, non point par signes ni par symboles, mais directement et en lui-même; et ensuite, par cette autre idée, qui a été exposée plus haut, que nous percevons les parties de l'espace, non pas successivement, mais simultanément, du moins dans les limites du champ de notre perception visuelle ou tactile. Mais l'intuition sensible de l'espace n'est pas toute la perception de l'espace; il faut qu'une interprétation s'y ajoute, et cette interprétation suppose des mouvements dans l'espace pour le mesurer, et des raisonnements plus ou moins conscients qui nous permettent de juger de suite, en nous référant a notre expérience passée, des mouvements qu'il y aurait à faire, mais que nous ne ferons pas, pour obtenir certaines mesures. Or, sur cette question de l'interprétation des images directement fournies par les sens, c'est au contraire à l'empirisme que nous nous rattacherions. Nous sommes par là conduits à faire leur part à l'une et à l'autre des deux théories adverses : et, qu'on le remarque bien, faire leur part ne consiste pas ici à prendre quelque chose à chacune d'elles en laissant le reste : nous les prenons toutes deux tout entières, parce que toutes deux sont vraies, chacune à leur point de vue; et que les deux points de vue, bien loin de s'exclure, sont complémentaires l'un de l'autre et se supposent réciproquement. Les nativistes, si nous ne nous trompons, n'ont vu dans le problème de la perception que la constitution de l'idée

d'espace, et il leur a semblé que cette idée une fois constituée directement par l'exercice du sens, tout était dit;
de sorte que, pour le sens, constituer l'espace et nous le
faire connaître étaient une seule et même chose. Les
empiristes, au contraire, se sont préoccupés uniquement
de la question de savoir comment nous interprétons les
données de nos sens pour en conclure des directions et
des distances; mais ils n'ont pas songé à se demander
comment s'étaient constituées ces représentations d'espace
dont ils cherchaient la signification; ou plutôt ils ont été
entraînés par la logique de leur système à faire consister
la formation même des représentations d'espace dans ce
qui ne pouvait être au fond qu'une interprétation de représentations déjà constituées. Le tort des deux doctrines, on
le voit, a été seulement de s'exclure l'une de l'autre, et
la seule chose qu'on puisse reprocher à chacune d'elles
c'est d'avoir cru qu'à elle seule elle résolvait le problème
entier de la perception.

Nous allons maintenant rechercher quel est, chez un
homme qui possède tous ses sens, et qui les possède avec
un fonctionnement normal, c'est-à-dire chez un clairvoyant,
le sens qui perçoit l'espace originairement. Cette question
peut recevoir trois solutions différentes, qui toutes trois
ont trouvé des partisans. La première consiste à prétendre
que le sens originairement percepteur de l'espace c'est le
tact : c'est la solution de Berkeley, et, sauf quelques différences de détail, celle de Helmholtz et de l'école empiriste allemande. La seconde consiste à attribuer cette
qualité au sens musculaire, quitte à adjoindre aux sensations musculaires des sensations tactiles, et même des
sensations visuelles, lorsqu'il s'agira d'expliquer la perception, non plus de l'étendue vide, mais de l'étendue

solide et délimitée par des contours qui forme les corps :
c'est la solution de Bain, de Stuart Mill, et, d'une manière
générale, de l'école empiriste anglaise. La troisième
enfin consiste à penser que le sens par lequel l'espace
est révélé à la conscience d'un clairvoyant, c'est la vue
elle-même : cette troisième solution sera la nôtre. Mais,
pour pouvoir l'établir, il nous faut d'abord discuter les
deux premières Nous commencerons par l'examen de
celle de Berkeley.

CHAPITRE III

THÉORIE DE BERKELEY

I. — La théorie de Berkeley, qui attribue la perception de l'espace au tact seul, et en exclut tous les autres sens, notamment le sens visuel, a le mérite d'être parfaitement logique dans ses principes. Du moment, en effet, que nous percevons l'espace par le tact, il est impossible que nous le percevions par la vue; autrement il faudrait supposer que l'organe visuel est, quant à sa structure, sous la dépendance de l'organe tactile, ce qui donne lieu à toutes les objections qu'Helmholtz oppose avec tant de raison aux physiologistes de l'école nativiste. Plus simplement encore, on peut dire que, si la notion d'espace est une notion tactile, elle ne peut pas être en même temps une notion visuelle, puisqu'une sensation du tact ne peut, évidemment, être objet de vision. La théorie aristotélicienne des *sensibles communs* pourrait être acceptable si les qualités sensibles étaient des *objets* pour nos sensations; mais nous avons vu plus haut[1] qu'elles sont *nos sensations même objectivées*, ce qui est tout autre chose.

(1) Pages 27, 28.

Donc, par le seul fait qu'on ne voit pas les résistances et qu'on ne touche pas les couleurs, du moment que l'espace se perçoit tactilement, il faut admettre qu'il ne se voit pas plus qu'il ne s'entend. « L'étendue et la distance, dit Berkeley, ne sont pas, à proprement parler, objets de vision, et ne sont pas autrement perçues par l'œil que par l'oreille. Assis dans mon cabinet, j'entends un carrosse rouler dans la rue. Je regarde par la fenêtre, et je vois le carrosse. Par les variations du bruit je me suis rendu compte des différentes distances du carrosse, et je savais qu'il approchait avant d'avoir mis la tête à la fenêtre. C'est ainsi que, par l'oreille, je perçois la distance, précisément de la même manière que par l'œil[1]. »

Voyons d'abord quel est le fondement sur lequel cette doctrine repose, c'est-à dire quelle est la raison pour laquelle Berkeley se décide en faveur du tact comme sens percepteur de l'espace. Cette raison tient à la conception qu'il se fait de la résistance et de ses rapports avec l'étendue.

Les rapports de l'étendue et de la résistance peuvent être envisagés de deux manières différentes. On peut partir de cette idée que la résistance fait le fond de la nature corporelle, et que l'étendue résulte d'un rapprochement et d'une agglomération d'éléments essentiellement résistants, de sorte que l'étendue est alors logiquement postérieure à la résistance; ou bien, au contraire, considérer l'étendue comme la propriété fondamentale des corps, et la résistance comme une simple qualité que prend l'étendue au regard de nos sens, qualité toute 'subjective, et *secondaire* par conséquent, par

---

(1) *Nouvelle théorie de la vision*, § 46.

opposition à l'étendue qui seule est une qualité *primaire*. Dans le premier cas, on est conduit naturellement a affirmer que le seul sens qui puisse percevoir l'étendue est celui qui perçoit la resistance, c'est-à-dire le tact; dans le second, la resistance n'apparaît plus que comme une propriété des corps analogue à toutes les autres déterminations de l'étendue, la couleur ou la température par exemple, et comme n'ayant sur celles-ci aucune espece de privilege; de sorte qu'il n'y a plus aucune raison *a priori* pour que ce soit un sens plutôt qu'un autre qui perçoive l'étendue, et qu'il reste à déterminer par l'expérience et par le raisonnement quel est le sens qui la perçoit en effet.

La premiere thèse, naturellement, est celle de Berkeley, et, d'une manière générale, celle de tous les philosophes qui n'admettent que le tact seul comme sens percepteur de l'espace. De tous ces philosophes celui qui s'est exprimé le plus nettement sur ce sujet c'est Stuart Mill. D'après Stuart Mill, la qualité la plus fondamentale des corps c'est la résistance. « De nombreux débats scientifiques l'ont prouvé, » dit-il [1]. Il va même plus loin encore; et, apres avoir subordonné l'étendue à la résistance, il finit, assez logiquement du reste, par considérer l'étendue comme une propriété des corps, qui leur est essentielle peut-être suivant notre mode actuel de représentation, mais sans laquelle la matière pourrait subsister encore si nous étions autrement constitués [2]. Il est vrai

(1) *Philosophie de Hamilton*, p. 257.

(2) Page 256. M. Bain paraît en juger autrement, car il déclare que *l'étendue est la propriété fondamentale du monde extérieur* (*Sens et Intellig.*, p. 149). M. Spencer parle comme Mill (*Princ. de Psych.*, t. II, p. 230).

qu'alors « notre idée de matière serait d'une structure
bien différente de celle que nous avons maintenant »,
Mais peu importe : il reste toujours que l'étendue est en
quelque sorte un accident, tenant à une particularité de
notre nature corporelle et mentale.

On peut comprendre par là quelle est la portée métaphysique du problème que nous discutons. Si l'étendue
est logiquement postérieure à la résistance, si c'est le
résistant qui est étendu, au lieu que ce soit l'étendu qui
résiste, nous ne pouvons prendre connaissance de l'espace
que d'une manière successive, en le parcourant, et nous
n'en connaissons effectivement que les parties que nous
avons explorées ; le reste est pour nous seulement objet
de conjecture et de raisonnement par analogie. L'espace
par là perd son caractère d'idée pure pour prendre le caractère d'une notion empirique. Il perd son unité, puisque
les parties qui le composent peuvent être conçues, et par
suite peuvent exister, indépendamment les unes des
autres ; il perd son infinité, puisque le mouvement grâce
auquel il est perçu et l'addition de parties grâce à laquelle
il est composé demeurent toujours finis. Et s'il perd
l'unité et l'infinité, l'univers les perd avec lui ; car comment
l'univers pourrait-il être un et infini quand l'espace est
multiple et limité? C'est le triomphe de l'empirisme, et
le renversement de toute saine doctrine de la connaissance humaine. Les partisans de la thèse de Berkeley y
ont-ils toujours bien pensé? Mais n'insistons pas, et
voyons la thèse en elle-même.

Quelles sont d'abord les raisons qu'ont pu avoir Berkeley et les philosophes de l'école anglaise contemporaine
pour faire de la résistance la qualité la plus fondamentale des corps? C'est que seule, dans un cas particulier

donné, la sensation de résistance nous permet d'affirmer avec certitude la réalité de l'objet que nous croyons percevoir. Nous pouvons, disent ces philosophes, voir des couleurs, entendre des sons, sentir le chaud, le froid, sans savoir si nous sommes en présence d'un véritable corps, ou du moins, sans avoir l'idée d'aucun corps déterminé. Au contraire, quand nous avons palpé et éprouvé une résistance, nous sommes certains d'être en présence d'un vrai corps et non d'un fantôme. La résistance est donc la caractéristique même de la nature corporelle.

Ces raisons sont-elles convaincantes? Il est permis d'en douter. Il est bien vrai que, lorsque nous voulons nous assurer qu'un objet dont nous voyons l'image ou dont nous croyons entendre le son est réellement devant nous, c'est au témoignage du toucher que nous avons recours, et à la sensation de résistance que nous nous fions définitivement. Cela tient à ce que le tact est moins exposé que nos autres sens à ce que l'on appelle, assez improprement d'ailleurs, des *sensations subjectives*, c'est-à-dire à des représentations sans objet extérieur : encore serait-ce une erreur de croire qu'il en soit tout à fait exempt. Mais on aurait tort de conclure de là que la résistance éprouvée est la condition nécessaire et suffisante pour que nous puissions nous tenir assurés de l'existence réelle d'un corps, et que, par suite, un corps soit essentiellement et avant tout quelque chose qui résiste. Ce qui fait la réalité d'un corps ou plus généralement, d'un phénomène, c'est que ce phénomène fait partie intégrante d'un monde où tout est lié, dont toutes les parties se correspondent et se déterminent les unes les autres, d'un monde qui, par conséquent, réalise les conditions de *l'unité originairement synthétique de l'aperception*, comme dit Kant. Pour s'assurer donc véritablement que tel corps particulier est réel, il faudrait retrouver la totalité infinie des connexions qu'il soutient avec tout le reste de l'univers. Comme ce procédé, seul rationnel et sûr, n'est pas à notre portée, nous en cherchons un autre qui soit plus pratique, ce qui nous conduit à nous fier, faute de mieux, au sens qui paraît le moins exposé à nous tromper, c'est-à-dire au tact. Mais il n'y a là qu'un procédé empirique, qui n'a de valeur que par le fait de notre impuissance à mieux faire, et qui ne peut en aucune manière nous procurer une certitude rationnelle.

Du reste, il est facile de prouver directement que la résistance n'est pas une propriété des corps moins subjective que la couleur, la température ou toute autre des propriétés qu'on appelle *secondaires*. L'expérience montre, en effet, que la résistance diminue à mesure que croît la puissance musculaire à laquelle elle s'oppose. Par exemple, tel objet qui oppose une résistance invincible à la main d'un petit enfant pourra paraître sans consistance à celle d'un géant. Ainsi un même corps présente différents degrés de résistance à différents sujets, comme une même surface présente différentes couleurs à différents yeux; et de plus, il est possible de concevoir l'accroissement illimité d'une puissance musculaire, accroissement dont le terme idéal serait l'évanouissement total de la résistance opposée à cette puissance par un corps, sans que ce corps cessât pour cela d'être réel.

Peut-être, il est vrai, lorsque l'on parle de la résistance comme d'une qualité primaire des corps, a-t-on en vue moins la résistance elle-même, qui est une qualité trop évidemment subjective, que la cohésion des molécules, que l'on juge tout à fait indépendante de nos perceptions. A le prendre ainsi, nous n'aurions plus d'objections à formuler. La cohésion moléculaire est certainement quelque chose d'objectif au même titre que, par exemple, les mouvements de la matière éthérée qui donnent lieu en nous à la sensation de couleur. Mais c'est de la résistance qu'il est question ici, et non pas de la cohésion moléculaire; de même que, lorsque l'on parle de la subjectivité des couleurs, ce sont les couleurs elles-mêmes qui sont en cause, et non pas les mouvements qui y répondent hors de nous. Il n'y a donc lieu en aucune façon de faire intervenir ici la cohésion moléculaire.

En résumé, la résistance est une sensation, comme la couleur; elle est donc nécessairement, comme la couleur, une modification de nous-mêmes en tant qu'êtres sensibles, et non une propriété constitutive de la nature des corps.

II. — Quelle est donc la qualité fondamentale et vraiment *primaire* de la nature corporelle ? C'est l'étendue. Pour le montrer nous rappellerons que ce qui caractérise une qualité primaire c'est que, si l'on retranche à un corps une telle qualité, l'idée même de corps disparaît; tandis que, pour ce qui regarde les propriétés secondaires, bien qu'elles se rencontrent invariablement dans tous les corps, il est néanmoins possible de concevoir un corps qui en serait privé. Ce principe peut-il être contesté ? Il ne le semble pas; car, aussi bien au point de vue de la philosophie empirique qu'à celui de la philosophie idéaliste, ce qu'il y a de plus fondamental dans un corps c'est c'est ce sans quoi ce corps ne peut être ni

conçu ni représenté : nous pouvons donc nous y appuyer.
Dès lors supposons un corps tel que, toutes les fois que
nous nous en approchons, il se retire, et cède sous la
main sans jamais nous opposer la moindre résistance :
en sera-t-il moins un corps pour cela? Au contraire,
essayez de faire évanouir par la pensée l'étendue d'un
corps, et voyez si vous y réussissez sans anéantir l'idée du
corps lui-même.

Le même argument peut se prendre d'une autre manière
encore. On prétend, comme nous l'avons vu, que nous
ne pouvons croire à l'existence réelle d'un objet que
lorsque nous en avons éprouvé quelque résistance. Soit.
Mais en quoi cela prouve-t-il que la résistance est l'attribut essentiel et constitutif des corps? Cela prouve beaucoup plutôt le contraire; car si une image, visuelle par
exemple, vient à nous apparaître, et si nous hésitons à
dire que l'objet est un corps tant que nous n'en avons
pas éprouvé de résistance, c'est que cette image a tous
les caractères d'un objet extérieur à nous, et remplit
toutes les conditions nécessaires pour pouvoir faire partie
du monde sensible. Donc le corps se conçoit, même
comme réel, sans qu'on sache s'il est capable d'opposer
de la résistance, bien que ce soit à la résistance éprouvée
qu'on le juge réel en effet. Mais comment concevoir un
corps sans le concevoir comme étendu? C'est impossible.
Un corps sans résistance serait un corps imaginaire; mais
un corps sans étendue ne serait pas même imaginaire;
car ce ne serait rien ni pour l'imagination, ni pour
l'entendement.

Quel est maintenant le rapport de l'étendue aux
autres qualités sensibles? Pour résoudre cette question,
considérons de quelle manière peut se comprendre le

rattachement que fait l'esprit des diverses qualités sensibles les unes aux autres, et de toutes ces qualités à la
fois à un seul et même objet. Berkeley ne voyait pas là
de difficultés. Il lui paraissait évident sans doute
qu'une couleur et une résistance, pourvu qu'elles eussent
été perçues simultanément, devaient nous apparaître
comme des qualités d'un même corps; car il ne s'est
jamais mis en peine de rechercher comment la chose
pouvait se faire. Mais il est évident, au contraire, que la
simultanéité de perception ne suffit pas pour rendre
compte du fait en question, puisqu'il nous arrive constamment de voir un objet en même temps que nous en touchons un autre. Et qu'on ne dise pas que, si ces deux perceptions ne sont pas rapportées par nous à un même objet,
c'est qu'elles sont plus souvent disjointes que réunies;
car, à supposer que nous eussions toujours, dans le passé,
perçu simultanément la résistance d'un objet et la couleur
d'un objet différent et plus ou moins éloigné du premier,
nous ne jugerions pas pour cela que cette couleur et cette
résistance appartiennent à un seul et même objet. Au contraire, si nous voyons pour la première fois ce que jusque-
là nous avions seulement touché, ou si nous touchons ce
que nous avions seulement vu, nous n'hésitons jamais à
juger que c'est le même objet que nous voyons et qui
nous résiste. Quelle est donc la condition nécessaire et
suffisante pour que deux qualités sensibles nous apparaissent comme appartenant à un même corps? C'est
que ces deux qualités viennent s'unir dans une même
étendue. C'est dans l'étendue seule, en effet, que peuvent
s'opérer la rencontre et l'union de qualités radicalement
hétérogènes, comme la résistance, la couleur, la température. L'étendue se pénètre de toutes ces qualités, qui

3.

prennent la forme qu'elle leur donne, et par là elle opère
la seule synthèse qu'il soit possible d'en faire. Il va de
soi, par conséquent, et a plus forte raison, que c'est
encore le commerce de la qualité sensible avec l'étendue
qui fait que la qualité sensible est par nous rapportée à
un corps. Le son ne prend pas la forme de l'étendue ;
mais aussi ne nous apparait-il pas comme une qualité
inhérente aux corps sonores. Descartes avait donc pleinement raison quand il soutenait que, si l'on ôte à la matière l'étendue, on l'anéantit. Et Kant n'était pas moins
dans le vrai quand il faisait de l'espace *la forme universelle
et nécessaire des phénomènes du sens externe;* car cette théorie revient pour le fond, comme celle de Descartes, à faire
de l'étendue l'étoffe de tous les phénomènes objectifs
sans exception, ou plus exactement encore, leur sujet d'inhérence et leur *substratum*.

Quelles objections pourrait-on opposer à cela? Nous
n'en voyons qu'une seule, qui ne parait pas d'ailleurs
facile à justifier, et qui cependant est peut-être de nature
à faire impression sur certains esprits : c'est qu'on ne
comprend pas comment une même étendue pourrait être
à la fois colorée et résistante. Si cette objection n'est pas
facile à défendre, elle n'est pas non plus, et pour la
même raison, facile à combattre. Mais il y a un biais pour
la prendre. Nous demanderons aux partisans de la théorie
de Berkeley si, suivant eux, la température que nous cons-
tatons dans les corps est, ou non, incorporée à leur étendue. Qu'elle le soit, c'est bien difficile. En effet, est-ce que
la température n'est pas une qualité des corps tout à fait
assimilable à la couleur, en tant que subjective et relative
à notre sensibilité ? On ne veut pas que l'étendue soit
colorée; peut-on vouloir qu'elle soit chaude ou froide ?

Après avoir chassé de l'étendue la couleur, il faudra donc de toute nécessité en chasser la température. Mais la résistance à son tour ne subira-t-elle pas le même sort? C'est là une conséquence inévitable; car il est certain, comme nous l'avons montré, que la résistance n'est pas quelque chose de moins subjectif que la température et la couleur; et tout le monde reconnaîtra, à la réflexion, que si l'étendue colorée et l'étendue chaude ou froide sont des absurdités, l'étendue résistante n'est pas une absurdité moindre. Ainsi, la théorie de Berkeley aboutit fatalement à faire de l'espace une forme vide et une abstraction; sans compter que la température et la résistance une fois exclues de l'étendue, on ne voit plus comment il sera possible de les y faire rentrer, ou seulement d'établir entre ces qualités et l'étendue un rapport quelconque. Pour éviter ces inconvénients, il faut nécessairement admettre que le tact, percevant simultanément la température, la résistance et enfin l'étendue, incorpore à l'étendue la résistance et la température. Mais, si l'étendue est résistante, si surtout elle est chaude ou froide, quelle difficulté peut-il y avoir à ce qu'elle soit colorée?

La conclusion de tout ceci, c'est que c'est une seule et même étendue, à savoir l'étendue véritable, qui est le sujet d'inhérence de la résistance, de la température, et enfin de la couleur, c'est-à-dire de toutes les qualités que prennent les corps au regard de nos sens. Dès lors la thèse de Berkeley manque de base. L'espace est perçu tactilement ou visuellement, cela est certain, et il ne peut pas l'être tactilement et visuellement à la fois. Mais l'est-il tactilement, ou l'est-il visuellement? On ne peut rien dire à cet égard de prime abord, puisque la sensation de résistance n'a sur la sensation de couleur aucun privi-

lège pour exprimer la nature vraie et fondamentale des
corps. Berkeley, en déclarant d'autorité que la perception
de l'étendue appartient au sens du tact plutôt qu'au sens
de la vue, a donc commis une grave pétition de principe.
Nous allons voir maintenant, en étudiant sa doctrine elle-
même, qu'elle est absolument inacceptable, et qu'il est
impossible de s'y tenir.

III. — Nous avons dit que, dans la pensée de Berkeley,
les sensations de la vue sont, quant à l'espace, parfaitement assimilables aux sensations de l'ouïe. Quel est donc
le caractère que prennent à l'égard des sensations du tact,
par lesquelles seules l'espace nous est révélé d'après Berkeley, les sensations de la vue et celles de l'ouïe tout à la
fois? Ce ne peut être évidemment que le caractère de
signes et de symboles; c'est-à-dire qu'une certaine éducation de la vue et de l'ouïe par le tact est nécessaire, et que
le fruit de cette éducation c'est de donner pour l'esprit une
signification aux sensations auditives ou visuelles. Celui
qui voit pour la première fois manœuvrer les pavillons
des sémaphores ne sait ce que cela veut dire. Quand on l'a
initié à la convention sur laquelle repose ce langage, il
continue à voir ce qu'il voyait d'abord, sans rien de plus,
mais il peut donner un sens à ce qu'il voit, et saisir par là
des choses d'un ordre entièrement différent. C'est ici tout
à fait le même cas. Nous ne voyions ni n'entendions l'étendue avant l'éducation de l'œil ou celle de l'oreille, nous la
voyons ni ne l'entendons après; mais nous sommes aver-
tis par les changements qui se produisent dans ce que
nous voyons ou entendons que d'autres changements tout
différents, mais dont nous pourrions juger directement
par le sens tactile, se sont produits dans l'espace.

Cette théorie est hardie à coup sûr; elle paraît même forte, précisément en raison de sa hardiesse et du mépris qu'elle affiche pour les apparences et l'opinion commune. Reste à savoir si elle pourra se soutenir jusqu'au bout. Une première difficulté qu'elle présente, c'est le maintien de cette assimilation, forcée d'ailleurs et inévitable, que Berkeley établit entre la manière dont nous jugeons de l'espace par la vue et la manière dont nous en jugeons par l'ouïe. Assurément, les sensations auditives sont par elles-mêmes tout à fait étrangères à la nature de l'espace : c'est pourquoi la théorie de Berkeley leur est de tout point applicable; mais en est-il de même pour les sensations visuelles? Peut-on nier que celles-ci s'étalent sous forme de couleurs, qu'elles ont une grandeur et une situation? Et s'il est ainsi, ne sont-elles pas dans l'espace? Berkeley, il est vrai, nie cette conséquence. L'étendue visuelle, pour lui, n'est pas l'étendue véritable; c'est quelque chose à quoi nous donnons le nom d'étendue, on ne sait trop pour quelle cause; mais la vraie étendue c'est celle que nous percevons par le tact; l'autre, malgré la similitude des noms, n'a avec celle-là aucune communauté de nature. Surtout, et ce point est capital, l'étendue visuelle ne s'identifie jamais avec l'étendue véritable; elle n'entre pas plus dans l'espace universel, elle n'y prend pas plus sa place que ne pourrait faire un son : et cela, par la raison que la couleur est en soi tout aussi hétérogène à l'espace que peut l'être le son. Nous nous imaginons que les couleurs revêtent les corps et les enveloppent, suivant, et par là délimitant leurs contours; c'est une erreur : il n'y a rien de commun entre nos sensations visuelles et l'étendue réelle. « Les figures, dit Berkeley, et les étendues particulières aperçues par la vue, quoiqu'elles puissent

être désignées par les mêmes noms, et réputées les mêmes
choses que celles qui sont aperçues par le tact, sont
néanmoins différentes, et ont une existence distincte et
séparée[1]. » La conséquence qui résulte de là c'est que
nos sensations visuelles et nos sensations tactiles forment
en quelque sorte deux mondes sans aucun rapport réel
et objectif l'un avec l'autre. Ainsi, dans le passage que
nous venons de citer, où il est question d'un carrosse
que l'on voit et que l'on entend, Berkeley suppose qu'il
sort de chez lui pour monter dans ce carrosse, et il ajoute :
« N'est-il pas vrai que les termes que je viens d'employer
doivent naturellement faire penser que j'ai entendu, vu
et touché la même chose, à savoir le carrosse? Il est certain, néanmoins, que les idées excitées par chaque sens
sont très différentes les unes des autres; mais, comme
on a observé qu'elles étaient constamment jointes ensemble, on parle d'elles comme d'une seule et même
chose[2]. » Ainsi ce que nous appelons l'étendue visuelle

(1) § 121. M. Georges Lyon, dans son ouvrage sur *l'Idéalisme
en Angleterre au* XVIIIe *siècle*, déclare ne pas partager l'opinion de M. Campbell Fraser, suivant qui Berkeley n'aurait
pas considéré l'étendue comme invisible à tous égards. Ce
que nous disons ici paraît être de nature à concilier les deux
assertions opposées. Berkeley parle d'une étendue visible,
mais cette étendue n'est pas la véritable. On peut donc dire
tout à la fois que nous voyons et que nous ne voyons pas
l'étendue ; mais la première de ces deux propositions
n'exprime pour Berkeley qu'une vérité d'apparence, la seconde
exprime une vérité réelle.

(2) Multiplier les textes serait inutile. En voici un pourtant
que nous reproduisons à cause de la force et de la clarté
avec laquelle Berkeley y exprime sa pensée : « A proprement
parler, nous ne voyons pas les mêmes objets que nous sentons par le toucher, et ceux que le microscope nous découvre
ne sont pas les mêmes que nous apercevons à l'œil nu. Mais,

n'est pour Berkeley qu'une vaine apparence, n'ayant rien de commun avec l'étendue véritable. Mais laissons de côté pour un moment ce dernier point, quelque important qu'il soit, et voyons s'il est vraiment possible d'assimiler entièrement, comme le fait Berkeley, le sens visuel au sens auditif quant à la perception de l'étendue.

Il est certain que ce n'est pas possible. Berkeley prétend que les sensations visuelles, de même que les sensations auditives, nous font connaître l'espace d'une manière indirecte, en rappelant à notre esprit les sensations tactiles avec lesquelles elles sont associées. Mais les sensations auditives n'ont pas besoin, pour remplir cette fonction, de s'étaler, ni de prendre l'apparence de l'espace : pourquoi donc les sensations visuelles, qui, selon Berkeley, remplissent la même fonction et la remplissent de la même manière, ne peuvent-elles le faire, au contraire, qu'à la condition de revêtir cette forme que nous prenons illusoirement pour celle de l'étendue? Et, en admettant même que les sensations visuelles doivent être pour nous

si la moindre variation dans la sensation nous avait pu fournir un motif suffisant de former de nouvelles espèces d'êtres, ou de nouveaux individus, leur nombre infini et la confusion qu'il aurait introduite dans les noms auraient rendu le langage impraticable. Pour éviter cet inconvénient, aussi bien que d'autres qu'on aperçoit aisément pour peu qu'on y pense, les hommes ont donc reuni ensemble, par le secours de la memoire, plusieurs sensations qu'ils avaient obtenues par differents sens, ou qu'un même sens leur avait fournies en differents temps et en differentes circonstances, et entre lesquelles ils avaient observe que la nature mettait quelque connexion, soit par rapport à la coexistence, soit par rapport à la succession; et les ayant ensuite rapportées à un même nom, ils se sont accoutumés de cette maniere à les considerer comme une même chose. » (*Troisième dialogue entre Hylas et Philonous.*)

autre chose que de simples impressions du sens de la vue, bien que les sons ne soient rien autre chose que de simples impressions du sens de l'ouie, on demandera encore comment il se fait que ces sensations prennent la forme illusoire de l'étendue plutôt que, par exemple, celle de la résistance qui, dans la pensée de Berkeley, est la propriété fondamentale de la nature corporelle, alors que l'étendue n'en est qu'une propriété d'importance secondaire. Il paraît certainement difficile de répondre à ces questions d'une manière satisfaisante.

Autre anomalie, non moins inexplicable que les précédentes. J'entends un son, et je me demande quelle en peut être la cause; car je n'ai de cette cause aucune perception immédiate. Pour cela j'emploie la méthode de différence; c'est-à-dire que je cherche, pour lui attribuer la production du son, un objet ayant éprouvé un changement dont le commencement et la fin aient coïncidé avec le commencement et la fin du son entendu. Si j'use d'un tel procédé, c'est qu'il n'y a aucune connexion immédiate et évidente entre le son et l'objet sonore. Les deux choses sont même si peu liées l'une à l'autre que la première est transitoire, et la seconde permanente. Ce n'est pas comme une qualité de l'objet sonore que le son m'apparaît, puisqu'il n'a lieu que lorsque cet objet est en mouvement; et je ne puis pas davantage en faire une qualité du mouvement; de sorte qu'il m'est impossible de le prendre pour autre chose qu'une impression toute subjective de ma sensibilité. En est-il de même à l'égard des couleurs? Est-ce que je conclus de la couleur à l'objet coloré comme du son à l'objet sonore, au moyen d'un raisonnement, et avec toutes les incertitudes qu'un tel procédé comporte? Nullement : quand la couleur est donnée, non seulement l'objet coloré n'est pas incertain, mais pour moi couleur et objet coloré ne font qu'un. — C'est là une illusion, dit Berkeley. — Soit; mais pourquoi cette illusion se produit elle, alors surtout que les sensations auditives, qui sont de tout point assimilables aux sensations visuelles quant à l'objet qui nous occupe, ne donnent pas lieu à une illusion semblable?

Il y a donc entre la manière dont l'espace nous est manifesté par la vue et celle dont il nous est manifesté par l'ouïe des différences qui demeurent inexplicables dans la théorie de Berkeley. L'expérience semble même témoigner d'une autre façon encore contre cette théorie, en ce qu'elle nous montre les corps prenant toujours dans notre représentation la forme d'images visuelles. Berkeley a beau prétendre que l'espace visuel n'est qu'un fantôme d'espace, il est certain pourtant que c'est à cet espace-là que se rapportent toutes nos représentations, et même tous nos mouvements; car, si je me meus, c'est par rapport à des images visuelles que mon déplacement me paraît s'effectuer; si je prends une direction, c'est la vue qui me l'indique; si je perçois un corps, c'est visuellement que je me le représente. Comment traiter d'illusoire un espace dans lequel nous vivons ainsi par nos perceptions? Aussi la thèse de Berkeley est en soi une thèse absurde, et qui constitue le défi le plus étonnant peut-être qui ait jamais été jeté à la conscience du genre humain. Elle implique, en effet, qu'un adulte dont les yeux ont un fonctionnement normal ne voit point les couleurs les unes en dehors des autres, puisque les voir ainsi c'est les voir dans l'espace; qu'il ne les voit dans aucune direction, puisque la direction encore suppose l'espace; qu'il ne les voit point étendues; qu'il ne voit

aucun corps, puisque les corps sont nécessairement étendus; et enfin qu'il est aveugle, puisque c'est être aveugle
que de ne point voir les corps, alors même qu'on voit les
couleurs. Ce sont là des extravagances, mais elles sont
contenues dans le principe posé par Berkeley, et elles en
résultent nécessairement. Pour achever encore mieux la
réfutation de cette théorie, suivons-la dans les développements qu'elle a pris de nos jours, entre les mains des
philosophes de l'école empirique anglaise.

CHAPITRE IV

THÉORIE DE L'ÉCOLE ANGLAISE CONTEMPORAINE

I. — Les philosophes de l'école anglaise contemporaine font profession d'adopter les idées de Berkeley au sujet de la nature de la connaissance que la vue nous donne de l'espace. Diriger nos mouvements dans le monde des corps, de façon que, voulant saisir un objet, nous sachions d'avance et avec précision ce que nous aurons à faire pour l'atteindre sans tâtonnements ; nous permettre d'éviter les contacts durs, sans pourtant restreindre la rapidité de nos mouvements ; enfin agrandir immensément le champ de notre connaissance des objets qui nous environnent, puisque, d'après la seule sensation visuelle nous pouvons, grâce à la loi d'association, reconnaître tout ce qui nous intéresse dans les corps, leurs directions dans l'espace, leurs distances par rapport à nous, sans compter leur degré de consistance, quelquefois même leur température, leur rugosité, etc., voilà à quoi se réduit, selon ces philosophes, le rôle des perceptions visuelles dans la connaissance que nous prenons de l'espace. Mais ce sont là des généralités, et, en pareille matière, les généralités ne suffisent pas : il faut préciser, entrer dans le détail des questions, et en considérer les différents aspects. Berkeley n'avait pas pris cette peine : il avait posé des principes sans en poursuivre l'application dans les faits ; c'est pour cela que sa théorie a pu garder une cohésion apparente. MM. Bain, Stuart Mill et Spencer ont, au contraire, abordé le problème dans toute son étendue et dans toute sa complexité ; mais, précisément pour cette raison, il leur a fallu, comme on va le voir, manquer plus d'une fois de fidélité à l'idée fondamentale d'une doctrine qu'il leur était impossible d'adapter aux exigences de la réalité.

Nous avons exposé plus haut les principes généraux de la théorie de l'école associationiste anglaise au sujet de la perception de l'espace [1] : il serait donc inutile d'y revenir. Qu'il nous suffise de rappeler en deux mots que, suivant ces philosophes, c'est le sentiment de la locomotion de l'un des membres ou du corps entier, joint au sentiment des différents états musculaires dont la locomotion s'accompagne, qui *seul* nous fait connaître l'espace ; et que, par conséquent, si une sensation visuelle peut nous faire connaître quelque chose quant à l'étendue, c'est à la condition de nous rappeler des sensations musculaires avec lesquelles elle soit associée.

Par cette théorie les philosophes anglais, comme nous venons de le dire, pensent reprendre les idées de Berkeley en leur apportant seulement un perfectionnement utile par l'adjonction, et dans certains cas même, par la substitution des sensations musculaires aux sensations tactiles. En réalité pourtant, il s'en faut bien qu'ils mar-

(1) Page 2. Pour l'exposition complète de la théorie, voir Bain, *les Sens et l'Intelligence*, et Stuart Mill, *la Philosophie de Hamilton*.

chent dans la même voie que leur devancier. Berkeley, il ne faut pas l'oublier, était nativiste, puisqu'il considérait la perception d'une étendue donnée comme un fait immédiat, qui ne requiert aucun mouvement des organes. MM. Bain et Stuart Mill, au contraire, sont empiristes, puisque, non seulement ils font intervenir l'activité motrice des organes dans l'acquisition de l'idée d'espace, mais qu'encore ils considèrent cette notion comme répondant à des impressions psychologiques successives. Voilà déjà une différence dont on ne peut contester l'importance. Mais ce n'est pas tout. Les philosophes associationistes se rendent bien compte que tout ce qu'ils peuvent expliquer par la locomotion du corps c'est l'idée d'espace vide, et surtout, l'idée indéterminée de l'espace, c'est-à-dire l'idée d'un espace qui se réduirait à la pure et simple extension en longueur, largeur et profondeur, et qui ne comporterait ni formes, ni figures, ni délimitations d'objets, ni déterminations d'aucune sorte. En effet, ce que la locomotion du corps nous fait connaître ce sont des distances, et rien que des distances. Mais il y a dans l'espace autre chose à connaître que des distances : il y a des directions, des configurations diverses de corps et d'objets, et aussi des étendues solides et colorées [1]. Pour expliquer la notion de l'espace plein

(1) Certains philosophes, il est vrai, semblent penser que ces questions sont susceptibles d'être ramenées à la précédente. M. Taine, par exemple, prétend, sans du reste chercher à justifier son affirmation, que l'idée de figure se ramène à l'idée de distance (*De l'Intelligence*, t. II, p. 83, en note); de sorte que, par le fait que nous percevrions des distances, nous percevrions des positions et des figures. Mais c'est là une erreur évidente : ce n'est pas par la distance qu'un arc de cercle et un arc d'ellipse diffèrent l'un de l'autre. Que la figure se ramène à la position, cela peut encore se soutenir;

et déterminé il faut donc adjoindre aux sensations pro-
venant de la locomotion du corps des sensations d'un

car un contour peut être considéré comme une série de positions contigues. Mais comment ramener la position à la
distance ou à une serie de distances? De quelles distances
parle-t-on, et par rapport à quoi pense-t-on les compter? Par
rapport à l'observateur, sans doute. Mais les positions deter-
minées par une distance donnee à partir de l'observateur
sont indéfiniment múltiples, puisqu'elles constituent une cir-
conference dont cet observateur est le centre. Pour determiner
une position par des distances, il faudrait compter la distance
de la position en question par rapport à l'observateur et par
rapport à un autre objet; encore obtiendrait-on de cette
façon, non une position unique, mais deux positions, puisque
deux circonférences se coupent en deux points. Mais ce qui
rend surtout la chose impossible, c'est que les distances par
rapport à l'observateur et par rapport à un objet ne déterminent une position qu'à la condition que l'observateur et
l'objet aient tous deux déjà une position déterminée. Admettons pour un instant, ce qui n'est pas, que l'observateur ait
sa position déterminée; comment se determinera la position
de l'objet? Evidemment ce ne pourra être que par rapport à
un autre objet, dont la position ne sera déterminable que par
un troisième : de sorte qu'on se trouvera engagé dans un
progrès sans fin.

M. Taine soutient que cette réductibilité de la figure et de
la position à la distance est le fondement même de la géométrie analytique. Mais c'est encore là une erreur absolue. Une
équation algébrique à deux inconnues, comme sont les équations de la géométrie plane, exprime un rapport constant
entre ces deux inconnues, et par suite, détermine l'une des
deux *en fonction* de l'autre; mais elle ne détermine aucune
position ni aucune figure, et cela pour deux raisons simples.
La première, c'est que l'équation est indépendante de toute
détermination de l'unité, et que, pour obtenir la position
d'un point dans le plan d'après des coordonnées, il faut
prendre une unité déterminée. La seconde raison, c'est
qu'une position et une forme sont des choses de nature sensible, que donne la sensation, mais que ne peut pas donner
une équation algébrique, qui est une abstraction pure. C'est
même pour cela qu'il n'y a pour les clairvoyants et pour les
aveugles-nés qu'une géométrie et qu'une algèbre, bien que,

autre genre. Aussi M. Bain [1] reconnaît-il nettement que
les sensations qui nous viennent de la locomotion du
corps ne suffisent pas à expliquer tout ce que contient
notre idée de l'espace, et que les sensations des sens spéciaux, celles du tact en particulier, y entrent aussi pour
une part. Mais, si les sensations tactiles doivent se combiner avec le sentiment de la locomotion pour que celui-
ci nous révèle l'espace tel qu'il est, avec ses déterminations de tout genre, il n'y a aucune raison pour qu'il n'en
soit pas de même pour les sensations visuelles; car les
sensations visuelles ne sont ni plus ni moins hétérogènes
au sentiment de la locomotion du corps que ne le sont les
sensations tactiles : elles le sont autant; et si la combinaison des unes avec le sentiment de la locomotion est
intelligible et nécessaire, la combinaison des autres avec
le même sentiment l'est également. M. Bain en convient
encore, et lui-même déclare que « lorsque la notion (d'espace) a acquis son plein développement, elle est une
combinaison de sensations de locomotion, du tact, de la
vision, dont chacune implique et rappelle les autres [2] ».
Stuart Mill parle de même, et nous avons eu déjà occasion de rappeler que pour lui la combinaison des sensations visuelles avec les sensations auxquelles donne lieu
la locomotion du corps ou des membres est nécessaire
pour donner, au regard de notre conscience, à ces dernières, qui sont successives, le caractère d'une série
simultanée. Dès lors il est clair que Stuart Mill et M. Bain

comme nous le verrons plus loin, les uns et les autres se
représentent de manières nécessairement très différentes
les formes des objets.

(1) *Les Sens et l'Intelligence*, p. 76.

(2) *Ibid.*, p. 331.

ne peuvent plus dire, au moins au sens absolu où l'entend Berkeley, que *l'espace n'est pas vu.* Tout ce qu'ils peuvent prétendre, c'est que le sens visuel est incapable de nous en donner à lui seul la notion ; mais il reste vrai pourtant que les sensations visuelles entrent dans cette notion comme parties intégrantes, et que, s'il n'y a pas d'espace pour la vue, il n'y a pas non plus, chez les clairvoyants du moins, d'espace sans la vue.

Il n'est donc pas exact que la doctrine de l'école associationiste anglaise contemporaine continue, sauf des perfectionnements de détail, la doctrine de Berkeley. La vérité est, au contraire, qu'en substituant au sens tactile le sens de la muscularité des membres locomoteurs, cette école a modifié profondément l'économie primitive du système auquel elle prétend se rattacher, au point même qu'elle l'a détruit. L'étude que nous allons faire des développements qu'elle a donnés à ce système va nous montrer encore mieux, d'une part quelle en est l'insuffisance, et d'autre part, combien est peu justifiée la prétention qu'ont les psychologues anglais de rester fidèles au principe qu'avait posé Berkeley pour expliquer la manière dont les sensations visuelles nous servent à la connaissance de l'espace.

II. — Que l'espace soit perçu par nous visuellement ou non, une chose est sûre, c'est que nous nous aidons de nos sensations visuelles pour juger de l'espace et des rapports qu'il enveloppe. Il y a donc là un fait dont il faut rendre compte. Or le problème de la vision de l'espace, de quelque nature que soit cette vision, n'est pas un problème simple et qui ne présente qu'un seul aspect ; c'est au contraire un problème complexe parce que le phénomène qui en fait l'objet est multiple et divers. Ainsi nous percevons, ou croyons percevoir par la vue, des distances dans le sens de la profondeur, dans le sens transversal, des directions, des grandeurs, des contours, etc. Tout cela veut être étudié et expliqué en détail ; autrement, on reste dans le vague, et l'on n'établit pas la solidité des solutions qu'on propose. Ces solutions d'ailleurs peuvent être multiples, et l'on conçoit que, pour rendre compte de deux parties différentes du phénomène général de la perception visuelle de l'espace, deux explications différentes puissent être nécessaires. Mais il faut au moins que ces explications partielles concordent entre elles assez pour ne pas se détruire les unes les autres, et même qu'elles puissent être rapportées à un même principe général. Nous allons voir si les théories de l'école anglaise remplissent cette condition.

D'abord, pour ce qui concerne la distance d'un corps par rapport à l'observateur, c'est-à-dire la profondeur de l'espace, voici de quelle façon, suivant les psychologues de cette école, la vue nous la révèle : « Quand nous faisons un mouvement en avant, dit M. Bain, et qu'en même temps nous apercevons un changement rapide dans l'aspect des objets placés devant nous, nous associons le changement à l'effort locomoteur, et, après bien des répétitions, nous les rattachons fermement l'une à l'autre. Nous connaissons alors quel fait accompagne : 1° une certaine tension musculaire ; 2° une sensation définie de convergence des deux yeux ; 3° une certaine dissemblance des deux images ; 4° la clarté ou le vague des couleurs de l'image, et 5° une grandeur rétinienne fixe et variable. Ces sensations oculaires (à la fois optiques et musculaires) se sont liées à l'expérience ultérieure et plus distincte d'une force locomotrice définie qui se dépense à produire un changement défini dans leur quantité ou leur degré. Sans cette association on pourrait bien reconnaître qu'une sensation oculaire diffère des autres sensations oculaires, mais on ne pourrait avoir par l'œil des perceptions d'un autre ordre. Les sensations que nous éprouvons quand le muscle ciliaire est relâché, quand les yeux sont parallèles (la vision étant distincte), quand les deux images sont les mêmes, quand une légère vapeur recouvre l'image, et quand la grandeur rétinienne des formes que nous connaissons familièrement est petite, toutes ces sensations impliquent comme résultat de l'expérience antérieure, qu'un effort prolongé de locomotion serait nécessaire pour convertir ces sensations en sensations d'un caractère opposé : *cette suggestion d'un effort locomoteur c'est le fait, et tout le fait qu'on appelle la distance réelle* qui sépare l'objet de l'observateur[1]. »

Ainsi, suivant M. Bain, la profondeur de l'espace n'est pas objet de perception visuelle ; et les phénomènes optiques par lesquels nous en jugeons nous en sont des signes, mais non pas des représentations. Sur ce premier point donc M. Bain ne fait que reproduire très exactement les idées de Berkeley au sujet de la manière dont nous acquérons par le sens de la vue la connaissance de l'espace en général ; ou, s'il les modifie, c'est pour les rendre plus conformes aux découvertes de la physiologie moderne, ce qu'il peut faire sans en altérer en rien le fond essentiel. Ajoutons que l'explication tirée des principes de Berkeley réussit ici parfaitement. Il n'y a pas, du

Les Sens et l'Intelligence, p. 327.

reste, à s'en étonner. Toute la théorie de Berkeley repose sur cette idée entièrement juste que nous n'avons pas la vision immédiate des dimensions de l'espace en profondeur ; et elle n'a été imaginée que pour expliquer comment, ne voyant pas les dimensions de l'espace en profondeur, nous pouvons néanmoins juger, d'après des sensations visuelles, de la profondeur de l'espace. Ce qui serait surprenant ce serait qu'elle ne satisfît pas même aux exigences de la question particulière à laquelle elle a pour objet de répondre ; et dans ce cas, l'on ne s'expliquerait pas comment elle aurait pu, depuis plus de deux cents ans, faire illusion à tant d'esprits éminents qui l'ont adoptée. Donc, quant à ce qui regarde la profondeur de l'espace, nous n'avons pas, pour le moment du moins, d'objections à élever contre la théorie de Berkeley, ni contre l'application qu'en fait M. Bain. Voyons maintenant comment le même philosophe va rendre compte de la notion que nous donne la vue des directions dans l'espace.

III. — Voici comment M. Bain, d'accord en cela avec Helmholtz et avec un grand nombre de physiologistes, explique la connaissance que nous prenons visuellement des directions de l'espace : « Il est très probable que la ligne de direction visible passe par le lieu de l'impression que fait un objet sur la rétine et par le centre du cristallin ; par suite, nous associons un effet sur le centre de la rétine avec une direction dans le sens de l'axe de l'œil, tandis qu'une impression à droite de ce point suggère une position à gauche de l'axe[1]. »

_____

(1) *Les Sens et l'Intelligence,* p. 353.

Ainsi, toute perception oculaire se fait suivant une ligne de visée qui passe par le point impressionné de la rétine, par le centre du cristallin et par l'objet vu. Mais, à ce compte, nous verrions donc les objets précisément dans la direction où ils se trouvent en effet ? Non, dit M. Bain, « l'idée même de direction exclut l'hypothèse de la vision directe » ; attendu que la direction signifie qu'un certain mouvement de nos membres serait nécessaire pour nous permettre d'atteindre l'objet, et qu'il est impossible qu'une impression visuelle nous fasse connaître immédiatement quel mouvement de nos membres produirait un tel résultat. — Cela, on peut l'accorder ; mais là n'est pas la vraie question. La vraie question est avant tout de savoir si, oui ou non, la ligne de visée va directement de l'œil à l'objet qui agit sur lui. Or c'est par l'affirmative que répond M. Bain. Mais, si la ligne de visée va vers l'objet, il est clair que nous voyons l'objet dans la direction où il se trouve, quoique peut-être aucune idée de direction ne soit en nous effectivement éveillée par là. M. Bain a beau alléguer qu'il n'y a pas de direction pour l'œil, attendu qu'une direction c'est une certaine sorte de mouvements a faire et de sensations musculaires à éprouver pour aller vers un lieu, il ne peut pas nier pourtant que nous voyons suivant la ligne de visée. Le vrai sens de sa théorie c'est donc que, voyant immédiatement les objets suivant leurs directions respectives, j'ignore pourtant la signification qu'ont à cet égard mes perceptions tant qu'une expérience ultérieure ne me l'a pas apprise. L'exercice naturel et spontané de l'œil nous fait percevoir le monde précisément comme il est, quant aux directions dans l'espace ; mais seulement ces perceptions ont besoin d'être interprétées et rapportées aux sensations auxquelles donne lieu la locomotion du corps. Nous avons de toutes les directions de l'espace une vision réelle et immédiate, mais une vision dont nous ignorons à l'origine le sens véritable, et que par conséquent on peut qualifier d'*ignorante.*

A l'égard des distances dans le sens transversal c'est encore la même chose : c'est-à-dire que nous en avons une vision immédiate et véritable, mais une vision qui exige une interprétation. Sur ce second point, M. Bain est même plus explicite encore que sur le premier, et ce qu'il dit fournit une confirmation plus directe du commentaire que nous venons de donner de sa pensée. Qu'on lise, par exemple, le passage suivant, choisi parmi plusieurs passages de son ouvrage dont le sens est tout semblable : « Si je vois devant moi deux objets distincts, comme deux flammes de bougies, je les saisis comme deux objets différents, et comme *séparées l'une de l'autre par un intervalle d'espace;* mais cette appréhension présuppose une expérience indépendante, une connaissance de l'étendue linéaire. Rien ne prouve qu'à la première vue de ces objets, et avant qu'aucune association se soit formée entre les apparences visibles et les autres mouvements, nous soyons capables d'appréhender la double apparence et la différence de lieu. Nous sentons, dans notre impression, une distinction en partie optique, en partie musculaire ; mais, pour que cette distinction puisse signifier pour nous une différence de position dans l'espace, elle doit nous révéler en outre *qu'un certain mouvement de notre bras porterait notre main d'une flamme à l'autre* [1]. Si nous ne recevons aucune information

(1) M. Bain ajoute : « Ou que quelque autre mouvement de quelqu'un de nos organes changerait d'une quantité définie l'apparence que nous voyons maintenant »; mais c'est là un

touchant la possibilité de mouvements du corps en général, nous ne recevons aucune idée d'espace, car nous ne croyons pas posséder une notion de l'espace tant que nous ne reconnaissons pas distinctement cette possibilité. Mais comment une impression de la vue peut révéler à l'avance ce que serait l'expérience de la main ou des autres membres, on ne l'a jamais expliqué[1]. »

On voit que, dans ce passage, M. Bain proteste avec énergie, et avec pleine raison d'ailleurs, contre la supposition qu'une impression de nos yeux puisse de prime abord nous faire connaître le mouvement qu'il y aurait à exécuter pour aller d'un point visuel à un autre, et par conséquent la distance qui sépare ces deux points ; mais que c'est là pour lui la seule chose qui manque à la vision primitive pour être une perception véritable de l'espace. Il affirme donc, très manifestement, que, dans le sens transversal au moins, l'espace est vu par nous tel qu'il est, et dès le premier moment où nous ouvrons les yeux ; mais que cette vision ne nous instruit en rien ni des directions, ni des distances, tant que nous ne pouvons établir aucune corrélation entre notre perception actuelle et des perceptions d'un autre genre, celles qui se rappor-

---

lapsus évident. Qu'une apparence visuelle change en même temps que nous exécutons certains mouvements, nous pourrons juger, après une expérience suffisante, des mouvements que nous aurions à exécuter pour modifier de telle manière l'image que nous avons sous les yeux ; mais c'est là tout ce que cette correspondance entre nos mouvements et nos images visuelles peut nous apprendre. Pour que l'expérience nous donne l'idée d'une distance entre deux flammes que nous voyons, il n'y a qu'un moyen à employer, c'est, comme le dit M. Bain dans son premier membre de phrase, *que nous portions notre main d'une flamme (visuelle) à l'autre.*

(1) Page 333.

tent aux mouvements de notre corps et de nos membres locomoteurs.

Que cette manière d'expliquer comment nous prenons connaissance par la vue des directions dans l'espace et des grandeurs dans le sens transversal diffère beaucoup de l'explication qu'avait donnée M. Bain de l'idée visuelle des distances en profondeur, c'est ce qui n'a pas besoin de preuves. Nous ne voyions pas plus les distances en profondeur que nous ne pouvons voir un son ou une odeur : seulement, la vue nous donnait au sujet de ces distances des indices desquels nous pouvions la conclure ; de même que, si quelqu'un me dit : *il pleut*, je ne vois pas pour cela la pluie, et néanmoins je sais que la pluie tombe. Ici le cas est tout différent. Nous voyons réellement et positivement les directions et les grandeurs transversales, quoique la vue ne nous les fasse pas connaître d'abord en cette qualité. Si donc M. Bain peut dire à bon droit qu'il est fidèle à la doctrine de Berkeley quant à la profondeur de l'espace, il en est autrement quant aux directions et aux distances transversales. Mais manquer à Berkeley ne serait rien ; ce qui est grave c'est de manquer à la logique et à la vérité. Comment admettre, en effet, que nous voyons l'espace sous deux de ses dimensions sans le voir sous la troisième ? La notion d'espace ne serait donc pas une notion homogène? Ce n'est pas là certainement la pensée de M. Bain, et pourtant c'est une conséquence qui s'impose, si l'on admet son explication de la manière dont nous nous représentons visuellement l'espace.

Mais voici qui est plus grave encore peut-être. La théorie suivant laquelle les clairvoyants auraient primitivement de l'espace une vision exacte et complète, mais ignorante,

est une théorie que peuvent et que doivent même accepter
les philosophes qui font de la vue le sens originairement
percepteur de l'espace. Une fois écartée, en effet, l'absurde
hypothèse du nativisme extrême, suivant laquelle il nous
suffirait d'ouvrir les yeux pour pouvoir, non seulement
tout voir, mais encore tout comprendre, mesurer les distances, opposer les directions, etc., il reste toujours que,
d'après l'opinion des philosophes dont nous parlons, le
monde est constitué sous des formes appartenant au
domaine de la vue, et, par conséquent, il n'y a pour eux
aucune raison de nier qu'un œil qui s'ouvre, fût-ce pour
la première fois, puisse voir immédiatement ce qui, suivant leur doctrine, est en soi visible. Mais en est-il de
même pour les philosophes de l'école empirique anglaise,
qui croient au contraire que le sens originairement percepteur de l'espace n'est pas le sens visuel? Remarquons-
le bien, la supposition implicitement faite par ces philosophes que les images visuelles sont dans l'espace, et
même qu'elles y coïncident avec les réalités tactiles
qu'elles manifestent à nos yeux, entraîne pour eux —
contrairement aux intentions formelles et formellement
exprimées de M. Bain — cette conséquence inadmissible
que l'espace peut appartenir à la fois au domaine de deux
sens différents; que ce que nous connaissons par le tact
peut être objet de vision, et cela directement; et que les
formes visibles que notre œil perçoit peuvent être également connues par le tact. Du moment qu'on repousse
cette supposition absurde, ainsi que l'a toujours fait très
nettement M. Bain, on est contraint de choisir entre les
deux thèses suivantes : ou bien l'espace est de nature
visuelle, et il faut exclure de la perception qu'il nous
donne tout autre sens que la vue; ou bien il appartient

soit au tact, soit au sens de la locomotion du corps, et alors il est impossible de faire au sens visuel une part quelconque dans la perception de l'espace. En expliquant comme il l'a fait la connaissance que nous prenons par la vue des directions dans l'espace et des grandeurs transversales, alors qu'il attribuait au sens musculaire la perception originaire de l'espace, M. Bain a tenté, sans le dire, une conciliation de ces deux thèses. Mais la vérité est qu'elles sont inconciliables, du moins tant que subsistera le principe de l'hétérogénéité radicale de nos sensations originaires, principe que M. Bain, encore une fois, ne conteste pas.

IV. — Mais peut-être avons-nous mal compris la pensée de M. Bain. Nous lui avons attribué l'idée que la vue perçoit immédiatement les directions de l'espace et les grandeurs transversales sans en connaître, à la vérité, la signification. Or cette idée il est probable qu'il la repousserait, et prétendrait se renfermer strictement dans les principes de Berkeley. — Soit ; mais alors on nous devra des explications sur la manière dont les images visuelles, sans nous révéler directement l'espace, nous le font cependant connaître à titre de signes et de symboles. Malheureusement, celles que les psychologues anglais ont coutume de présenter à ce sujet sont loin d'avoir toute la précision et toute la cohésion désirables. Sans doute, il est un point sur lequel ils ne varient jamais : c'est que l'espace est perçu par nous, non pas visuellement, mais tactilement, ou plutôt musculairement, et que par suite, si les sensations visuelles nous révèlent l'espace, ce ne peut être qu'en vertu des associations qui les unissent aux sensations tactiles ou musculaires. Mais ce principe

de l'association des sensations entre elles est un principe
vague, qui n'explique rien, tant qu'on ne montre pas
quelle est la nature des effets que l'association produit.
Or c'est justement quand on en vient à se demander comment la loi d'association rend compte des faits que l'expérience constate que l'indécision se produit dans les
idées, et qu'on se trouve exposé à recourir successivement
aux modes d'explication les plus différents, et même les
plus contradictoires entre eux.

Ecoutons d'abord Stuart Mill. Voici comment, dans un
passage que nous avons eu occasion de citer déjà, il s'exprime sur cette question des rapports de la vue avec les
sens percepteurs de l'espace : « Lorsque le sens de la vue
est éveillé, et que les sensations de couleur sont devenues
représentatives des sensations musculaires et tactiles avec
lesquelles elles coexistent, le fait que nous pouvons recevoir un grand nombre de sensations de couleur au même
instant (ou durant ce qui paraît tel à notre conscience),
nous met dans le même état que si nous avions pu recevoir un grand nombre de sensations tactiles et musculaires
au même instant[1]. » — Mais que signifient ces mots :
*les images visuelles sont représentatives des sensations tac-
tiles et musculaires ?* « Les images visuelles, dit Mill,
effacent de notre esprit toute conscience distincte de la
série des sensations musculaires dont elles sont devenues
représentatives. Les sensations visuelles sont pour nous
des *symboles* des sensations tactiles et musculaires[2]. »
Et, pour achever l'explication de sa pensée, il continue
par le texte suivant qu'il emprunte à M. H. Spencer :

(1) *Philosophie de Hamilton*, p. 272.
(2) P. 276.

« Cette relation symbolique, beaucoup plus brève, prend dans la pensée la place de ce qu'elle symbolise, et de l'usage continué de ces symboles, et de leur réunion en symboles plus complexes naissent nos idées d'étendue visible, idées qui, comme celles des algébristes résolvant une équation, sont tout à fait différentes des idées symbolisées, mais qui, comme celles des algébristes, occupent l'esprit à l'exclusion entière des idées symbolisées [1]. » — Mais, dirons-nous, si les images visuelles *effacent* le souvenir des sensations musculaires, et les *excluent entièrement* de l'esprit, comment peuvent-elles les *représenter ?* Car enfin une idée effacée et exclue de l'esprit est une idée qui a disparu, dont une autre tient la place, et qui, par conséquent, n'a pas besoin d'être représentée et ne peut pas l'être. Quand M. Spencer se reporte à l'exemple des algébristes qui n'opèrent que sur des symboles, et qui pour'ant obtiennent à la suite de leurs calculs des résultats ayant une valeur positive à l'égard des choses symbolisées, il se fonde sur une analogie tout à fait inexacte. Ce qui fait la valeur du symbolisme dans le cas qu'il cite, c'est que l'algébriste commence par traduire soit une idée concrète, soit une idée indéterminée, en un symbole abstrait et simple, puis opère sur ce symbole, et, à la fin de son calcul, revient par une nouvelle traduction, qui est l'inverse de la première, du symbole à la chose symbolisée : et si le procédé réussit, c'est qu'en fait le symbole, tout abstrait qu'il est, contient parfaitement tout ce que

(1) Le même texte est reproduit également par M. Bain, qui en adopte la pensée ; on le retrouve encore chez M. Taine. La pensée de Stuart Mill que nous discutons ne lui appartient donc pas en propre ; elle est commune à l'école empirique tout entière.

contenait la chose symbolisée, du moins au point de vue
où elle est envisagée dans le calcul; de sorte qu'en définitive le symbolisme algébrique consiste simplement à
réduire les choses a l'essentiel de ce que l'on considère
en elles. C'est une simplification des idées; mais ce n'est
en aucune façon la substitution d'un ordre particulier a
un ordre différent d'idées ou de choses, l'un de ces ordres
remplaçant l'autre et devant servir pour lui. Du reste, il
est évident qu'un symbolisme ne peut jamais être autre
chose qu'une simplification de ce genre; car comment
voudrait-on que deux choses réellement hétérogènes l'une
à l'autre pussent se comporter de même façon au point
qu'il fût possible de prendre indifféremment l'une des
deux pour l'autre? Or il est évident que le symbolisme
dont nous parlent MM. Mill et Spencer serait précisément la représentation d'une chose par une autre chose
radicalement hétérogène à la première, ce qui, en soi et
d'une manière générale, est une impossibilité.

L'idée de la substitution de la série des sensations
visuelles à la série des sensations tactiles et musculaires
dans notre conscience est donc une idée manifestement
fausse, et à laquelle il n'y a pas lieu de s'arrêter. Du reste,
quand on lit avec attention les passages de leurs écrits où
les trois philosophes anglais ont traité la question qui
nous occupe, on reconnaît vite que cette substitution d'un
ordre de sensations à l'autre, cet *effacement* total de la
série tactile et musculaire par la série visuelle, quoique ce
soient là les propres termes dont ils se servent, répondrait
fort mal à leur véritable pensée. Ce qu'ils veulent dire en
réalité c'est que les sensations visuelles associées aux
sensations musculaires, bien loin d'*effacer* ces dernières
et de les *exclure entièrement de l'esprit*, les remorquent en

quelque sorte et les rappellent à leur suite[1]. Cette manière d'envisager la question, déjà manifeste chez Stuart Mill, l'est encore plus chez M. Bain. Nous venons de voir que, selon M. Bain, l'image visuelle de deux bougies ne nous fait connaître quelle distance sépare les deux flammes qu'à la condition d'éveiller le souvenir du mouvement du bras qui porterait notre main d'une flamme à l'autre. « Un certain mouvement de l'œil, comme celui qui consiste à embrasser la surface d'une table, dit encore le même auteur, nous donne l'impression de la grandeur de cette table quand il rappelle et réveille l'étendue et la direction du mouvement des bras nécessaire pour embrasser la longueur, la largeur et la hauteur de la table. Avant cette expérience, la vue de la table serait un simple effet visible différant d'autres effets visibles par l'impression qu'elle fait sur la conscience, et ne suggérant aucun autre effet étranger. Elle ne pourrait pas suggérer la grandeur; car la grandeur n'est rien si elle ne signifie l'amplitude du mouvement des bras ou des jambes qui

---

(1) A moins que les psychologues anglais ne pensent combiner les deux explications, et dire que les sensations visuelles rappellent les sensations tactiles et musculaires tout en les excluant et en les effaçant. Dans tous les cas, il semble bien que ce soit ainsi que M. Taine l'entend. « Les sensations de l'œil, dit-il, *tiennent lieu* des images tactiles et musculaires qui leur correspondent, et comme elles défilent en un éclair, il nous semble que le défilé beaucoup plus long des images tactiles et musculaires s'est opéré en un éclair. Leur signification musculaire et tactile surgit avec elles, et nous croyons percevoir ensemble une quantité de points distants et coexistants... A l'état actuel, pendant le jeu des substituts optiques, l'image des longues sensations musculaires et tactiles qu'ils remplacent doit être absente. » (*De l'Intelligence*, p. 174-175.) Mais on se demande, en vérité, comment il est possible que des sensations musculaires et tactiles défilent quand elle sont absentes.

DUNAN.

serait nécessaire pour embrasser l'objet, et cette notion ne peut être acquise qu'à la suite d'expériences effectives exécutées par ces mêmes organes [1]. »

Voici donc, en définitive, comment M. Bain paraît comprendre et expliquer la vision de l'espace : voir la configuration d'un corps, c'est se representer la série des mouvements qu'il faudrait exécuter pour le parcourir ; voir la distance entre deux objets c'est imaginer le mouvement du bras ou celui du corps qui porterait la main de l'un de ces objets à l'autre. Mais, si voir un intervalle entre deux objets n'est que cela, il n'y a pas de vision d'un intervalle entre ces objets. Vous avez eu à l'origine deux impressions visuelles différentes A et B, simultanément ou successivement. A ces deux impressions se sont associés deux états musculaires, séparés l'un de l'autre par une série continue d'états musculaires différents. Lorsque vous éprouverez à nouveau les deux impressions. A et B, les états musculaires correspondants seront rappelés à votre conscience avec toute la série des états intermédiaires. Par là vous aurez l'idée d'un intervalle entre les points tactiles *a* et *b*, correspondant aux images visuelles A et B, mais non pas celle d'un intervalle — nécessairement visuel — entre A et B. M. Bain, sans doute, répondra que c'est bien ainsi qu'il l'entend en effet, et qu'il se croit parfaitement dispensé d'expliquer comment nous pouvons avoir l'idée visuelle d'un intervalle, puisque, précisément, ce qu'il soutient c'est qu'une telle idée n'existe point en nous. Mais la question est de savoir s'il est vraiment possible de prétendre qu'un intervalle n'est quelque chose de visible en aucun sens et d'aucune manière.

---

(1) *Les Sens et l'Intelligence*, p. 331.

Là-dessus nous pourrions en appeler à M. Bain lui-même, et aux passages de son livre où il dit, par exemple, que nous nous représentons visuellement deux flammes de bougies comme deux objets différents, et comme « séparées l'une de l'autre par un intervalle d'espace ». Mais peut-être pensera-t-on que cette contradiction n'est chez lui qu'une inadvertance par laquelle la solidité de sa théorie n'est pas vraiment compromise. Nous devons donc considérer la chose en elle-même.

Ce qui est sûr, et ce que nous pouvons sans crainte d'erreur prendre pour accordé par M. Bain, c'est qu'à la vue de deux points lumineux nous jugeons, nous référant à nos précédentes expériences de locomotion, de l'intervalle qui sépare les points tactiles correspondant à ces deux points. Or on peut prouver que ce jugement implique que les deux points lumineux nous apparaissent comme séparés par un intervalle, et par un intervalle de nature visuelle évidemment, puisqu'il serait absurde que l'intervalle entre deux points visuels fût musculaire. Que les points extrêmes et tous les points intermédiaires de cet intervalle se confondent avec les points correspondants de l'intervalle tactile, et que, par conséquent, l'espace que nous voyons soit l'unique et véritable espace, ce n'est pas ce que nous disons (quoique ce soit notre véritable doctrine) : nous n'en sommes pas encore là. Tout ce que nous prétendons établir pour le moment, c'est qu'entre deux points visibles que nous percevons s'étend un intervalle également visible, et que, par conséquent, ces points et cet intervalle font partie d'un espace qui appartient au domaine de la vue, abstraction faite de la question de savoir si cet espace est le véritable espace, comme nous le pensons, ou si c'est un pseudo-espace et un fantôme d'espace, comme le soutient Berkeley. Or il n'est pas malaisé de justifier une pareille assertion. En effet, il est évident, disons-nous, et admis par tout le monde, que rien qu'à voir deux points lumineux nous pouvons juger de l'intervalle qui sépare les points tactiles correspondants. Mais comment ce fait peut-il s'expliquer? D'une seule manière, qui est justement celle qu'indique M. Bain lui-même, à savoir que nous avons porté la main ou le corps entier de l'un de ces points lumineux à l'autre; car toute autre opération que celle-là, tout mouvement, par exemple, qui modifierait l'apparence visuelle que nous présentent maintenant ces deux points, établirait une correspondance entre l'apparence modifiée et la position nouvelle que nous aurions prise, mais ne nous ferait pas connaître que l'apparence actuelle répond à telle distance entre deux points tactiles [1]. Or il est clair que, si on peut exécuter un mouvement entre deux points visuels, ces deux points visuels sont reliés l'un à l'autre par un intervalle, et par un intervalle également visuel, ainsi que nous l'avons dit. La thèse de M. Bain, prise comme nous la prenons en ce moment, c'est-à-dire dans le sens le plus conforme aux principes de Berkeley, implique donc manifestement qu'il y a pour la vue, comme pour le tact ou pour le sens musculaire, des situations, des distances, en un mot un espace complet d'un genre particulier.

Reste à savoir s'il est vraiment possible de comprendre comment nos représentations visuelles prennent ainsi le caractère spatial — ou pseudo-spatial, encore une fois, peu importe, — étant donné que l'espace réel appartient

---

(1) Nous avons eu occasion déjà de nous expliquer une fois incidemment sur ce sujet. V. la note de la page 65.

au domaine du tact ou du sens musculaire. Nous avons déjà fait observer, en discutant Berkeley, qu'il n'y a aucune raison assignable pour que les sensations de la vue et celles de l'ouïe, étant originairement aussi étrangères les unes que les autres à la nature de l'espace, — nous voulons dire cette fois de l'espace véritable, — les unes prennent un caractère spatial ou pseudo-spatial, que les autres ne prennent pas. Dira-t-on que c'est l'expérience de la locomotion effectuée entre des points visuels qui les fait apparaître comme étant dans l'espace? C'est impossible, car cette expérience ne change rien aux apparences visuelles que nous percevions d'abord. Du reste, quand on admettrait que cette expérience peut changer quelque chose aux apparences en question, on n'aurait par là que déplacé la question sans la résoudre, attendu qu'il resterait toujours à expliquer comment cette expérience communique la forme d'espace aux sensations de la vue sans la communiquer à celles de l'ouïe. Les sensations de son, en s'unissant à nos sensations primitives d'étendue, ne prennent pas pour cela la forme de l'étendue : pourquoi donc les sensations de couleur la prennent-elles? Il n'existe pas d'étendue sonore : pourquoi donc y a-t-il une étendue colorée? Voilà une question que la doctrine des philosophes anglais laisse évidemment sans réponse possible.

Mais voici quelque chose de plus décisif. Nous avons montré que les sensations visuelles constituent en tout état de cause *un espace*. Si cet espace est l'espace véritable, il n'y a pas de difficulté; mais la doctrine des philosophes anglais est renversée. Il faut donc que ces philosophes adoptent le parti contraire, et disent, comme faisait Berkeley, que l'espace visuel n'est qu'un faux espace. Mais est-ce là une thèse qui puisse se soutenir? Un espace

qui admet des directions, des intervalles, des rapports
de grandeur, et surtout, dans lequel le mouvement est
possible, peut-il bien être un faux espace? Le mouvement, il ne faut pas l'oublier, est le phénomène fondamental de la nature. Sans doute nos perceptions du mouvement peuvent être illusoires en ce sens que quelquefois nous croyons voir le mouvement de ce qui est en
repos, ou inversement, nous croyons voir en repos ce qui
effectivement se meut. Mais une idée du mouvement
tenant à l'exercice normal de l'un de nos sens, soustraite
à toutes les chances d'erreur auxquelles nos perceptions
en général sont sujettes, en un mot, une idée réelle
du mouvement, considérée en soi, peut-elle jamais être
une illusion? Certainement non; attendu qu'une forme
originale du mouvement c'est une loi qui s'impose à tous
les phénomènes de l'univers à la fois; et que, s'il peut y
avoir de l'illusion dans une partie de notre représentation, en tant que cette partie se sépare du tout et s'y
oppose, il ne peut pas y en avoir dans notre représentation totale. Par conséquent, imaginer un autre espace
que l'espace réel, et faire entrer cet autre espace dans
notre représentation concurremment avec l'espace réel,
comme fait Berkeley, et comme nous supposons ici que
le fait l'école anglaise contemporaine, c'est introduire la
dualité dans la nature essentielle du mouvement, donc
dans la loi fondamentale de tous les phénomènes, et par
là dans l'univers lui-même. Or l'univers peut être multiple en tant qu'il entre dans plusieurs représentations
dont les formes sont différentes et même hétérogènes,
celle des clairvoyants et celle des aveugles-nés par
exemple; mais, en tant qu'objet d'une représentation
unique, il est foncièrement et radicalement un.

La conséquence de tout ceci c'est qu'il est impossible de comprendre comment nous pouvons juger par la vue des directions et des intervalles dans l'espace sans admettre que la vision de ces directions et de ces intervalles est primitive, directe et *vraie*, bien que l'expérience de la locomotion soit nécessaire pour nous en révéler la signification. Par là, nous sommes définitivement ramenés à la théorie de la *vision ignorante*, laquelle, bien que les philosophes anglais aient paru un moment disposés à l'accueillir, est en désaccord absolu avec les principes auxquels se rattachent ces philosophes.

V. — Peut-être cependant y aurait-il pour l'école anglaise un moyen de résoudre le problème de la notion visuelle de l'espace sans renoncer à ses principes. Ce serait d'admettre que la notion d'espace, au lieu d'appartenir au domaine d'un sens unique, ne peut se constituer, du moins intégralement, qu'avec le concours de tous nos sens, et principalement du sens musculaire, du toucher et de la vue ; de sorte que cette notion serait un *complexus* d'éléments divers, et requerrait, non seulement une juxtaposition de nos différentes sensations suivant les lois de l'association, mais une véritable synthèse, et une sorte de fusion de ces mêmes sensations les unes avec les autres. Cette nouvelle manière d'envisager la question serait-elle acceptée par M. Bain ? Nous ne savons, mais il semble qu'on puisse le supposer sans témérité ; car l'éminent auteur parle d'une *combinaison* des sensations de la locomotion, du tact et de la vision [1], ce qui semble impliquer quelque chose de plus qu'une association pure et

(1) *Sens et Intelligence*, p. 331.

si iple : et nous avons eu l'occasion déjà de rappeler un passage dans lequel il déclare que le sens musculaire est incapable de constituer à lui seul la notion complète de l'espace, et qu'il a besoin pour cela du concours de la vue et du tact. S'il en était ainsi, il y aurait dans la doctrine de M. Bain une troisième conception de la nature de la vision, celle de la vision *composée*, pour rendre compte de l'idée visuelle des formes et des contours, à ajouter aux deux conceptions que nous avons signalées déjà, celle de la vision *nulle* pour rendre compte de l'idée de la profondeur, et celle de la vision *ignorante*, pour rendre compte de l'idée des directions et des distances transversales. Trois manières d'entendre la vision, trois explications de la notion visuelle que nous prenons de l'espace, c'est beaucoup ; surtout, étant donné que ces trois explications sont en opposition les unes avec les autres. Voyons pourtant ce qu'il faut penser de la théorie de la vision *composée*, que cette théorie soit ou non conforme à la vraie pensée de M. Bain.

La première objection qui se présente contre elle est fournie par les faits avec lesquels elle est en désaccord. En effet, si la notion d'espace est un *complexus* de sensations diverses parmi lesquelles doivent figurer des sensations visuelles, il est impossible que les aveugles-nés possèdent cette notion, du moins dans son intégrité. Or, sans parler de ce qu'il y a de peu philosophique à concevoir la notion d'espace comme pouvant entrer dans nos esprits à des degrés divers, il est certain que les aveugles-nés ont cette notion de même que nous, et aussi complète que nous pouvons l'avoir.

En second lieu, la combinaison dont il est question ici est inconcevable et impossible. Lorsque nous posons notre main sur un corps, les sensations musculaires auxquelles donne lieu la pression exercée par notre main sur ce corps et les sensations tactiles résultant du simple contact ont entre elles une connexion si étroite qu'il est permis de penser qu'elles fusionnent en quelque sorte, et que de leur combinaison résulte précisément l'idée d'espace telle que peuvent l'avoir ceux qui, pour l'acquérir, n'ont d'autre organe que leur main. Mais croire à la possibilité d'une combinaison du même genre entre, d'une part, les sensations dues à la locomotion des membres, et d'autre part, les sensations tactiles ou visuelles, qui ne sont après tout que concomitantes aux premières, et n'ont avec celles-ci, par conséquent, qu'une liaison accidentelle, c'est tout autre chose, et il ne semble pas que rien autorise à aller jusque-là. Que les sensations visuelles s'associent aux sensations musculaires et tactiles, et que les unes rappellent les autres à la conscience, cela n'explique rien quant à la notion visuelle que nous avons de l'espace ; mais le fait en soi est admissible, parce qu'il est conforme à des lois psychologiques connues. Quant à prétendre que les deux catégories de sensations fusionnent, comme fusionnent deux corps simples pour former un corps composé, c'est parler dans le vide, et proposer des hypothèses en faveur desquelles on ne peut pas même invoquer une analogie ; car l'expérience ne nous présente rien qui ressemble, même de loin, à cette « chimie mentale ».

Enfin, si les images visuelles avaient dans le phénomène général de la perception de l'espace une autre fonction que celle d'évoquer les images tactiles et musculaires, seules en possession du caractère spatial ; si, par conséquent, l'idée de l'espace était à quelque degré une idée visuelle, alors on n'aurait plus lieu de contester que nous

voyons l'espace exactement tel qu'il est; et, comme il est
entendu que les sensations visuelles n'ont pas par elles-
mêmes la forme d'espace, il faudrait admettre qu'elles
ont pris cette forme sous l'influence des sensations tactiles et musculaires, Que M. Bain soit très peu disposé à
accepter la possibilité d'une métamorphose de ce genre
pour les sensations visuelles, nous en sommes tout à fait
convaincu. Il n'en est pas moins vrai qu'il y a là une
consequence directe et inévitable de l'hypothèse que nous
discutons. Or cette conséquence est-elle admissible? Peut-
on admettre que nos sensations musculaires réagissent
sur nos sensations visuelles au point de les forcer à prendre
leur propre forme et leur propre nature? Condillac l'a
cru; car il a prétendu que, lorsque nous voyons un objet
en même temps que nous le touchons, l'œil suit la main
dans son mouvement, et l'objet alors « prend sous nos
yeux le relief qu'il a sous nos mains ». Mais comment
veut-on que ce qui appartient au domaine de la sensibilité musculaire passe jamais dans celui de la sensibilité
visuelle; qu'une forme tactile se voie; qu'une résistance
soit perçue par nos yeux? Autant voudrait dire qu'un
son est une odeur. Sans compter qu'il y a là une inconséquence manifeste; car, si l'œil regarde la surface d'une
sphère, par exemple, en même temps que la main la parcourt, ce n'est pourtant pas la main qui la lui montre. La
perception de l'œil est une chose indépendante en soi des
mouvements de la main. Donc, si l'œil voit la sphère
comme une sphere après que la main y a passé, c'est qu'il
la voyait de même auparavant; et, s'il ne voyait pas la
sphere comme une sphère dès le début, il n'y a pas de
mouvements de la main qui puissent remédier chez lui
à cette impuissance naturelle.

Concluons donc, d'une manière définitive, que si l'on n'admet pas que l'œil perçoive l'espace directement et par lui-même, il n'existe aucune hypothèse par où l'on puisse expliquer intelligiblement comment il le perçoit, fût-ce même d'une façon purement symbolique et purement illusoire.

CHAPITRE V

L'ESPACE OBJET DE PERCEPTION VISUELLE

I. — L'école anglaise, partant de ce principe que l'espace ne peut être perçu que par le tact ou par le sens de la locomotion, et reconnaissant d'autre part que l'espace ne peut être perçu originairement par deux sens différents, avait au sujet de la vision de l'espace le choix possible entre les deux thèses suivantes : 1° que la vision de l'espace n'existe absolument pas ; 2° que cette vision existe en quelque manière, mais qu'elle n'est pas naturelle ni primitive, et qu'elle est le fruit d'une éducation que l'œil reçoit soit du tact, soit du sens musculaire. Berkeley a soutenu la première de ces deux thèses; MM. Bain, Stuart Mill et Spencer, un peu hésitants, et se référant comme Berkeley à la première, ont pourtant paru par moments disposés à adopter la seconde. Nous nous sommes efforcé de montrer que ni l'une ni l'autre n'est admissible; d'où résulte cette conséquence que le sens originairement percepteur de l'espace chez les clairvoyants c'est la vue. Mais, s'il en est ainsi, il nous incombe à l'égard du toucher — on peut laisser de côté ici le sens musculaire — la même tâche qu'avaient à remplir

les philosophes anglais à l'égard de la vue; c'est-à-dire
que nous avons à montrer, soit que les clairvoyants n'ont
absolument aucune idée tactile de l'espace; soit qu'ils
ont cette idée, mais qu'elle résulte chez eux d'une éducation donnée par le sens visuel au sens tactile. Or notre
choix n'est pas douteux : c'est la première des deux
thèses qui sera la nôtre : nous sommes donc absolument
Berkeleyen sous ce rapport. Il est du reste assez facile
de montrer que chez les clairvoyants l'idée tactile de
l'espace fait entièrement défaut.

Ce qui rend insoutenable la théorie de Berkeley c'est
avant tout l'impossibilité où l'on est d'éliminer de nos
représentations visuelles le ca.actère spatial, nous voulons dire cet étalement des couleurs suivant deux ou trois
dimensions selon les cas, et cette délimitation par un
contour. La même difficulté se retrouvera-t-elle à l'égard
de nos sensations tactiles après qu'on aura posé en principe que l'espace est vu et non pas touché? Nullement.
Berkeley, dans sa *Nouvelle théorie de la vision*[1] met en
regard l'une de l'autre les deux idées que nous avons du
carré visible et du carré tangible, lesquelles sont, à son
avis, aussi dissemblables que l'idée et le mot qui la représente; et il les suppose données l'une et l'autre dans la
conscience. Mais, de ces deux idées, il y en a une que je
reconnais bien avec lui, c'est l'idée visuelle. Quant à
l'autre, l'idée tactile, laquelle ne peut être que radicalement différente de la première — et en cela Berkeley a
bien raison — je la cherche dans ma conscience, et j'avoue
que je ne la trouve pas. Je mets la main sur un objet, et
par là j'acquiers la notion de la partie superficielle de cet

(1) § 142.

objet avec laquelle ma main est en contact; mais cette
partie c'est visuellement que je me la représente, même
si j'ai les yeux fermés. Pour tout observateur attentif il
est hors de doute que, de quelque façon que nous ayons
perçu un corps, nous nous représentons toujours son
étendue et sa figure, non pas peut-être avec des couleurs,
mais au moins sous des formes que l'œil connaît et dans
lesquelles il se retrouve. Dans l'esprit d'un clairvoyant
toute sensation tactile, résistance, température, etc.,
prend inévitablement la forme de l'étendue visuelle. Et ce
que nous disons de l'étendue s'applique également à la
mesure de l'étendue, et par conséquent, au sentiment de
la locomotion. Sans doute il nous arrive souvent, dans
l'obscurité, de mesurer des longueurs, soit par l'écartement de nos doigts, soit par celui de nos bras ou de nos
jambes ; mais, alors même que nous mesurons ainsi l'é-
tendue, c'est l'image visuelle associée dans nos esprits
avec l'état musculaire éprouvé qui seule est éveillée en
nous. Il y a donc réellement, comme le veulent les psychologues anglais, entre les sensations visuelles et les sensations tactiles un rapport de signe à chose signifiée; mais
ce rapport est précisément l'inverse de ce que prétendent
ces psychologues ; c'est-à-dire que ce ne sont pas les sensations visuelles qui rappellent les sensations tactiles ou
musculaires, mais au contraire les sensations tactiles ou
musculaires qui rappellent les sensations visuelles.

Mais comment comprendre que l'idée tactile de l'espace
puisse faire défaut à des sujets qui touchent l'espace, et
qui, par conséquent, doivent en avoir une perception
tactile? Que l'espace soit pour nous objet de contact
lorsque notre main rencontre un corps résistant, c'est ce
qui ne peut pas se contester : mais il ne suit pas de là

que l'idée tactile de l'espace doive nécessairement s'éveiller dans l'esprit de la personne qui touche. Cette idée s'é-
veille, à la vérité, si la personne en question n'a préala-
blement de l'espace aucune idée différente de la première
et qui soit incompatible avec elle : c'est le cas des
aveugles-nés. Mais si, au contraire, l'idée tactile prête à
naître rencontre devant elle une idée antagoniste et plus
forte, par exemple l'idée visuelle, comme il est impossible
que deux idées différentes de l'espace, nécessairement
irréductibles l'une à l'autre, subsistent ensemble dans la
conscience d'un même homme, la plus forte comprime la
plus faible, l'empêche de se constituer; et alors le sens
prépondérant impose sa forme propre aux sensations
spécifiques de l'autre sens; de sorte que la résistance
même apparaît alors comme un attribut d'une étendue
qu'on ne peut se présenter que visuellement.

II. — L'expérience apporte à cette doctrine des confirmations de plus d'un genre. D'abord, c'est un fait constant qu'un enfant devenu aveugle vers l'âge de quatre ans,
ou plus tôt, n'a aucune idée des formes visuelles ni des
couleurs, et par là même est totalement assimilable aux
aveugles-nés. A quoi cela tient-il? Evidemment à ce que
les souvenirs visuels se sont chez lui totalement effacés.
Mais pourquoi les souvenirs visuels s'effacent-ils totalement chez un tel aveugle? Car il est sûr que bon nombre
de clairvoyants ont des souvenirs visuels qui remontent
beaucoup plus haut que l'âge de quatre ans. C'est que,
chez ces clairvoyants, rien ne s'oppose à la persistance
de pareils souvenirs; tandis qu'il en est autrement pour
l'aveugle. Chez celui-ci une lutte s'établit entre les souvenirs visuels et les perceptions présentes, qui sont d'or-

dre tactile; et il faut croire que l'incompatibilité entre
ces deux catégories de faits est vraiment absolue, puisque l'une des deux évince l'autre d'une manière aussi radicale. Dans le cas que nous considérons c'est au profit
des perceptions tactiles que se résout le conflit; ce qui
n'a rien de surprenant, attendu qu'à cet âge il est naturel que des images que rien ne ravive cèdent vite la
place à des images antagonistes que viennent renforcer
des perceptions incessamment renouvelées. Mais quand
la cécité survient après l'âge de quatre ou cinq ans, c'est
le contraire qui se produit : c'est-à-dire que les images
visuelles ont alors assez de force pour persister dans la
mémoire en dépit des impressions tactiles que le sujet
éprouve d'une manière exclusive; de sorte que, chez ces
aveugles, de même que chez les clairvoyants, les images
tactiles de l'espace ne naissent jamais, et que toute leur
vie, sauf le cas de perte accidentelle des souvenirs visuels,
ces aveugles se représentent le monde extérieur sous des
formes visuelles, exactement comme nous faisons pour
les objets que notre main rencontre et que notre œil ne
peut voir.

Qu'on nous permette, à ce sujet, de reproduire ici le
récit de certaines observations que nous avons faites
en 1887, et dont nous avons déjà rendu compte dans la
Revue philosophique [1]; on y verra une confirmation assez
nette, ce semble, de ce que nous venons d'avancer.

« M. Bernus, professeur de grammaire et de littéra-
ture à l'Institution nationale des jeunes aveugles, est âgé
aujourd'hui de trente-huit ans : il est aveugle depuis l'âge
de sept ans. Sa cécité est complète, quoique, dans une

_____

(1) Avril 1888.

chambre éclairée par la lumière du jour, il puisse distinguer de quel côté est la fenêtre; mais il est incapable de discerner visuellement aucune forme, ni même aucune couleur, et c'est là pour nous l'essentiel. De ses perceptions visuelles d'autrefois il a gardé un petit nombre de souvenirs assez nets : il se représente, aujourd'hui encore, l'obélisque de Louqsor aussi vivement que s'il le voyait de ses yeux. Il se rappelle également très bien la boutique d'un marchand de chocolat chez lequel on le conduisait assez souvent dans son enfance, et un tableau appartenant à son père, qui représentait un guerrier. Il a dans l'esprit l'image nette de la couleur rouge d'une cerise ou d'une crête de coq. Il se souvient même de la diminution apparente, due à la perspective, que prennent les fenêtres d'une maison vues d'en bas. Voilà tout à peu près : ses autres souvenirs visuels se réduisent à peu de chose et sont extrêmement confus. »

« Cela étant, il s'agissait de démêler quelles étaient, dans les représentations de M. Bernus, la part des images visuelles et celle des images tactiles, et, s'il se pouvait, quel était le mode de combinaison de toutes ces images. Je lui demandai donc lequel des deux sens paraissait chez lui actuellement prédominant. Il me répondit que, jusqu'à l'âge de vingt-cinq à vingt-huit ans, il avait pensé et s'était représenté les choses en clairvoyant, et que particulièrement ses rêves avaient été des rêves de clairvoyant; mais que, depuis cette époque, les idées tactiles avaient paru prendre chez lui la prééminence; que ses rêves étaient devenus exclusivement des rêves d'aveugle, et qu'il croyait bien maintenant penser et imaginer la plupart du temps en aveugle. Cette réponse paraissait être en opposition formelle avec mon hypothèse d'apres

laquelle, chez quiconque voit ou se souvient d'avoir vu,
les perceptions tactiles de l'étendue sont immédiatement
et irrésistiblement traduites en images visuelles. Toutefois, il était manifestement impossible que M. Bernus se
représentât autrement qu'avec des couleurs et des formes
visuelles les objets qu'il se souvient d'avoir vus, ou
même ceux qui présentent au toucher quelque analogie
avec ceux-là. Il restait à s'assurer si c'était tactilement
ou visuellement qu'il se représenterait, après l'avoir touché, un objet de forme irrégulière, qu'il lui serait impossible de reconnaître et d'assimiler à quelqu'un de ceux
qu'il avait coutume d'imaginer visuellement. Pour cela, je
lui mis dans la main un fragment d'obus très irrégulier,
et le priai de recueillir toute son attention pour analyser
exactement la représentation que cet objet provoquait en
lui au point de vue de la dimension et de la forme, et
pour me dire si cette représentation était visuelle ou tactile, ou les deux à la fois. M. Bernus palpa longuement
l'objet que je lui présentais, et me dit, en me le rendant,
qu'il en avait maintenant une idée très nette. Je lui demandai de quelle nature était cette idée. Après réflexion,
il me répondit qu'elle ne pouvait être que tactile, parce
qu'il se représentait l'objet sous quatre faces à la fois,
ce qui n'aurait pas lieu s'il en avait dans l'esprit une
image visuelle. Son affirmation reposait donc sur un
raisonnement, non sur un sentiment immédiat. Je le lui
fis remarquer, ajoutant que la base de ce raisonnement
était contestable, et que les clairvoyants peuvent, à ce
qu'il semble, se donner l'image visuelle d'un cube sous
ses six faces à la fois, puisqu'ils peuvent le figurer ainsi
à la craie sur le tableau noir. En même temps je le priai
de faire à sa conscience un appel direct. Il s'y prêta de

bonne grâce, et me dit, timidement d'abord, puis d'une façon de plus en plus affirmative, que l'idée qu'il avait de cet objet, au point de vue de l'étendue et de la forme, était visuelle. « Mais, demandai-je, est-elle purement visuelle, ou ne s'y mêle-t-il point d'éléments empruntés au tact? — Non, me répondit-il, elle est purement visuelle. — Si elle est visuelle, ajoutai-je, elle doit être colorée. — Sans doute, reprit-il, et je n'ai jamais touché aucun objet sans le colorer immédiatement. Les lettres mêmes de l'alphabet Braille [1] m'apparaissent toutes colorées. Ainsi je donne à l'A une teinte blanche un peu rosée, le B a des tons grisâtres, etc. »

« Cette réponse ne laissait plus de doute : elle prouvait de la manière la plus décisive que M. Bernus, devenu aveugle très jeune, est encore aujourd'hui, après trente ans, un clairvoyant quant au mode de représentation. Mon hypothèse était donc pleinement confirmée. Plusieurs points cependant restaient à éclaircir. Je voulus d'abord savoir pourquoi M. Bernus, apres avoir palpé l'objet et m'avoir dit qu'il en avait une idée bien nette, avait hésité si fort pour décider si l'image qu'il avait dans l'esprit était visuelle ou tactile. L'explication fut un peu difficile à trouver ; enfin je suggérai celle-ci qu'il accepta. L'objet étant très irrégulier, il lui avait fallu une attention soutenue pour en graver l'image dans sa mémoire, de même que nous sommes obligés de regarder longtemps et avec attention un objet de forme inconnue et irrégulière dont nous voulons nous souvenir; et ce qu'il avait pensé exprimer par ces mots : « J'en ai maintenant une idée

---

(1) C'est un alphabet inventé par Louis Braille vers 1840, et dont les lettres en relief peuvent être perçues par le toucher.

bien nette, » c'était simplement que le souvenir en était désormais gravé dans son esprit. Quant à l'erreur qu'il avait commise au début en disant que l'image de l'objet dans son esprit était une image tactile, il l'expliqua par la préoccupation qui s'était emparée de lui au moment où il avait constaté qu'il se représentait l'objet sous quatre faces à la fois, et aussi par cette réflexion qu'il s'était faite à lui-même que, sa perception étant tactile, l'image évoquée par cette perception ne pouvait être que tactile. »

« Je lui demandai encore ce que signifiaient ces paroles, qu'il avait rêvé jusque vers l'âge de vingt-cinq ans en clairvoyant, et depuis cette époque en aveugle. « Cela signifie, me répondit-il, que jusqu'à l'âge de vingt-cinq ans j'étais clairvoyant dans mes rêves, et j'agissais en clairvoyant, tandis qu'aujourd'hui je suis aveugle dans le rêve comme dans la veille, et je m'imagine en dormant errer dans la nuit, et saisir des objets exactement comme je fais étant éveillé [1]. Autrefois j'avais deux existences, celle de l'aveugle pendant le jour, et celle du clairvoyant pendant la nuit. Maintenant je n'en ai plus qu'une, celle de l'aveugle; mais aujourd'hui même, dans le rêve comme dans la veille, lorsque je me représente les objets, je les colore toujours. »

« Ce dernier fait nous a paru intéressant à rapporter, parce qu'il montre d'une manière saisissante à quel point les perceptions de la vue, en raison de leur éclat et de

(1) On sent bien que ce fait, loin d'être isolé, doit être commun à tous les aveugles ayant conservé des souvenirs visuels. Il est effectivement confirmé par de nombreux témoignages. V. en particulier, DUFAU, *Des Aveugles*, p. 67, note.

leur netteté, tendent à effacer les perceptions du toucher
et à se substituer à elles, non pas sans doute dans ce que
celles-ci ont d'intensif, parce que, pour tout ce qu'il y a
d'intensif dans les perceptions du toucher, comme la résistance, la rugosité, la température, la vue ne saurait
entrer en compétition avec ce sens, mais dans ce qu'elles
ont d'extensif. Si, dans l'esprit d'un jeune homme aveugle depuis dix-huit ou vingt années, ou même davantage,
les perceptions uniquement tactiles de ces dix-huit ou
vingt années n'ont laissé aucun souvenir qui puisse entrer en lutte pendant le sommeil avec ceux de l'existence
antérieure visuelle, laquelle était celle d'un enfant de
sept ans, comment s'étonner que nous, clairvoyants,
quoique nous soyons par nos mains constamment en
rapport avec l'étendue tactile, nous puissions n'avoir de
cette étendue aucune notion, la perception visuelle de
l'étendue réduisant en nous à néant la perception antagoniste du toucher? »

Ces faits sont-ils démonstratifs en faveur de notre
thèse? Il le semble. Laissons de côté le dernier dont il
vient d'être question, et tenons-nous à la considération
de ce fait très général, et dont on peut avoir des vérifica-
tions pour ainsi dire sans nombre, qu'un aveugle qui a
gardé quelques souvenirs visuels se représente le monde
sensible avec des couleurs et des formes visuelles, comme
les clairvoyants. Comment expliquer cela? Que les clairvoyants soient incapables de se représenter rien sans le
voir en imagination, les philosophes de l'école anglaise
diront que c'est un phénomène d'association inséparable :
la connexion qui existe entre nos sensations tactiles
et musculaires et nos sensations visuelles ne permet plus
au souvenir des premières de se représenter à la cons-

cience autrement qu'accompagné du souvenir des secondes ; et l'explication semble plausible. Mais pourra-
t-elle servir à rendre compte du même fait chez les aveugles? Voici, par exemple, un aveugle qui nous dit qu'il
est incapable de se représenter les lettres de l'*alphabet noc-
turne* sans les colorer en imagination : est-ce la loi d'association inséparable qui lui impose cette nécessité? On
conviendra que cela serait étrange; d'autant plus que
M. Bernus n'ayant jamais vu l'alphabet Braille lorsqu'il
devint aveugle, la prétendue association inséparable dont
on nous parle, ne s'étant pas constituée *avant* sa cécité
aurait dû nécessairement se constituer *après* ! Il faut donc
chercher un autre principe d'explication que l'association
inséparable : et ce principe quel sera-t-il, sinon une loi
rendant nécessaire l'homogénéité absolue de toutes nos
représentations d'espace, et imposant à toutes nos perceptions la forme qu'ont prise les plus stables et les plus vifs,
soit de nos perceptions, soit même de nos souvenirs?

Toutes ces raisons pourtant, il faut en convenir, laissent après elles un *desideratum*. Si l'idée visuelle de l'espace dans une conscience en exclut l'idée tactile, comment
les choses se passent-elles chez un aveugle qui vient de
recouvrer la vue? Est-il admissible que, dans ce cas, l'abo-
lition des souvenirs de l'étendue tactile soit immédiate
et complète; et, si elle se fait progressivement, que
devient la théorie? Une difficulté de ce genre ne peut
évidemment être résolue d'une manière définitive que
par l'étude des faits. Or nous n'avons pas fait, nous
devons l'avouer, les observations et les expériences extrêmement délicates que comporterait une pareille étude.
Ne pouvant mieux faire, nous nous contenterons de répondre par une conjecture. Evidemment, ce n'est pas

tout d'un coup que le sens du tact cède la place au sens
de la vue chez les aveugles rendus à la lumière. Il doit
donc y avoir une période pendant laquelle l'idée tactile
et l'idée visuelle de l'espace coexistent chez ces aveugles ;
mais nous ne pensons pas que les deux idées se mêlent
jamais dans aucune perception ni dans aucun souvenir.
Ce qu'il doit y avoir plutôt c'est une alternance. Au commencement, toutes les idées qu'il a de l'étendue se
rapportant au tact, l'aveugle opéré doit n'avoir aucun
soupçon que les couleurs étalées qu'il perçoit se rapportent à l'espace ¹. Peu à peu, en se mouvant, et en voyant
les objets se mouvoir autour de lui, il donne une signification d'espace à ses images visuelles. Mais cette signification est, dans son esprit, plus ou moins vive et plus ou
moins arrêtée pour chaque objet, suivant une foule de
circonstances telles que la fréquence de la perception
visuelle antérieure, l'uniformité ou la complexité de
l'image, le degré de netteté des contours, etc. Si, en raison de tout cela, il y a plus d'avantages pour lui à donner à l'objet la forme visuelle de l'étendue, il la lui
donne ; dans le cas contraire il conserve la forme tactile.
Mais, dans un cas comme dans l'autre, les deux formes
demeurent *pures* dans sa représentation ; c'est-à-dire
qu'elles sont ou visuelles ou tactiles, mais non pas visuelles et tactiles à la fois. Nécessairement, une représentation ainsi oscillante entre deux formes hétérogènes
doit être extrêmement vague et imprécise ; mais c'est en
effet ce dont l'expérience témoigne, et ce que nous avons

(1) Sur ce point les expériences déjà faites ne laissent
aucun doute. Voir l'article qui vient d'être cité, et particulièrement ce qui se rapporte aux observations du D' Dufour,
p. 383 sqq.

pu constater sur une enfant aveugle qui fut opérée de la
cataracte en 1888, et que nous pûmes étudier dans les
jours qui suivirent son opération [1].

III. — Si la représentation de l'espace chez les clairvoyants est exclusivement visuelle, et pure par conséquent de tout élément tactile, il est clair que le sens de
la vue se suffit pleinement à lui-même pour la constitution de cette représentation, et qu'il n'a nul besoin du
concours d'un autre sens. Mais cette dernière proposition
a besoin d'être prouvée pour elle-même. On peut sans
doute la présenter comme une conséquence de la thèse
que nous soutenons; mais alors elle n'apporte à cette
thèse aucun appui. Il en sera autrement si nous pouvons
l'établir directement : c'est ce que nous allons essayer de
faire.

La question pour nous n'est pas nouvelle. Nous avons
déjà vu [2] quels efforts a faits l'école anglaise contemporaine pour expliquer comment l'espace, qui n'est point
primitivement objet de vision, peut le devenir à quelque
degré et en quelque manière, grâce à l'association, et
peut-être même à une sorte de combinaison qui s'établit
entre les sensations de la vue et celles du tact. Nous
avons montré aussi que les explications proposées n'a-
boutissaient pas à rendre ce prétendu fait intelligible.
C'était là le côté négatif du problème. Il nous faut maintenant prendre ce problème par son côté positif, et montrer directement que les sensations visuelles d'espace se
constituent sans intervention aucune des sensations tac-

(1) V. la *Revue philosophique* de janvier 1889.
(2) Dans le chapitre précédent.

tiles. Pour cela, le mieux que nous puissions faire est de nous référer à l'expérience.

Considérons d'abord comment se forme la vision de l'espace, chez les animaux. On admettra bien que les animaux, et surtout ceux chez lesquels l'organe de la vision n'est pas sensiblement différent de ce qu'il est chez nous, voient les formes des corps d'une manière tout à fait analogue à celle dont nous les voyons. Un chien, un cheval perçoivent visuellement la forme ronde d'une roue de voiture et la forme carrée d'un pan de mur. Or peut-on concevoir comment chez ces animaux, qui ont le toucher actif si peu développé, et auxquels la nature de leurs articulations permet des mouvements si peu étendus et si peu variés, les sensations musculaires dues aux mouvements des membres et les sensations tactiles concomitantes aux sensations musculaires seraient l'origine première de la vision des formes corporelles? Du reste, à supposer qu'il en pût être ainsi, nous devrions le constater directement. On devrait voir les jeunes chiens et les jeunes chevaux parcourir avec leurs pattes de devant les objets qu'ils voudraient apprendre à percevoir visuellement, exactement comme les psychologues de l'école anglaise supposent que nous promenons nos mains sur les contours des objets pour apprendre à les voir. Est-ce là ce qui se passe, et les animaux nous ont-ils jamais donné un pareil spectacle?

Plusieurs peut-être seront tentés de répondre à cela qu'il ne faut pas conclure des animaux à l'homme. On a souvent tendance, en effet, à attribuer aux animaux des aptitudes innées qu'on reconnaît manquer chez nous. Par exemple, un petit poulet sortant de sa coquille va tout droit becqueter un grain de blé qu'il a aperçu : c'est en vertu d'une association d'idées, qui chez l'homme ne peut se former que par une expérience personnelle, mais qui chez lui est innée! Il y a là une erreur grave, et un vice radical de méthode. Pour tout ce qui est sensation pure et perception, il n'y a aucune raison pour établir des différences de ce genre entre l'espèce humaine et les espèces animales. Mais enfin admettons, si l'on veut, que ce que l'expérience nous fait connaître des animaux ne prouve rien par rapport à nous : notre démonstration ne sera pas infirmée pour cela; car il est facile de trouver des faits concluants sans sortir de l'espèce humaine. En effet, quand un aveugle-né recouvre la vue, il faut qu'il apprenne à voir les formes et les contours des objets, et ce travail se fait sous les yeux de l'observateur, auquel il est aisé d'en surprendre le secret. Si l'œil a besoin du concours de la main pour apprendre à voir l'étendue des corps, il faudra que chez les nouveaux clairvoyants les deux organes opèrent de concert. Est-ce là ce qui a lieu? Ecoutons là-dessus les récits que nous ont laissés les médecins qui ont pu rendre la vue à des aveugles-nés.

Le premier et le plus célèbre de tous c'est Cheselden. Or voici ce que dit Cheselden au sujet de l'aveugle qu'il avait rendu à la lumière : « Quand on *lui nommait les choses* qu'il avait connues auparavant par le toucher, *il les regardait très attentivement pour les reconnaître ;* mais, comme il avait trop de choses à apprendre à la fois, il en oubliait toujours beaucoup, apprenant et oubliant, comme il le disait lui-même, mille chose en un jour. Par exemple, ayant oublié souvent qui était le chat et qui était le chien, il avait honte de le demander. Un jour il prit le chat qu'il connaissait bien par le toucher, *le regarda*

fixement et longtemps, le posa par terre, et dit : « A pré-
« sent, Minet, je te reconnaîtrai une autre fois [1]. »

Ainsi, quand on nommait au nouveau clairvoyant les
objets qu'il connaissait bien par le toucher, il les regardait attentivement, mais il n'y touchait pas. S'il prit une
fois le chat de la maison, ce fut seulement pour éviter de
demander ce que c'était. Par conséquent, il apprenait à
les voir uniquement en les regardant, et n'avait pas
besoin de les regarder en les parcourant avec ses mains.

Une multitude d'autres faits du même genre peuvent
être cités en confirmation de celui-là. La dame opérée
par Wardrop, le soir même du jour où pour la première
fois elle fut exposée à la lumière, « pria son frère de lui
faire voir sa montre, *et la regarda un temps considérable,*
en la tenant près de son œil. On lui demanda ce qu'elle
voyait, elle répondit qu'il y avait un côté clair et un côté
obscur [2] ». L'aveugle de Nunnely, après l'opération,
perçut tout à coup une différence dans la forme des
objets. « *Il put voir que le cube et la sphère n'étaient pas
la même figure visible*, mais il ne pouvait pas dire ce
qu'ils étaient..... Peu à peu il apprit à juger plus exactement, mais ce ne fut qu'après plusieurs jours qu'il put
dire, avec le secours de l'œil seul, quel objet était la
sphère et quel le cube [3]. » Le Dr Dufour, dans la relation
des observations qu'il avait faites sur le jeune Noé M...,
opéré par lui d'une cataracte congénitale, tient un langage absolument analogue. Il avait présenté au jeune
homme sa montre en la lui laissant toucher, et celui-ci

(1) *Philosophical transactions*, XXXV, 447, année 1728.

(2) *Ibid.*, année 1826.

(3) Cité par Stuart Mill, *Philosophie de Hamilton*, p. 281.
En note.

avait dit immédiatement : « C'est rond, c'est une montre.»
Le lendemain il lui présenta un disque de papier, mais
Noé M... avait oublié la forme visuelle des objets ronds;
aussi ne put-il la reconnaître dans le disque de papier.
Quand on la lui eût rappelée, il regarda ce disque *très
attentivement;* mais le docteur ne dit nullement que, tout
en le regardant, il en faisait le tour avec ses doigts.

Ainsi l'œil n'a besoin ni du tact, ni du sens de la locomotion en général, pour percevoir et se représenter les
contours des objets. Il en est de même à l'égard des
directions dans l'espace. « Abandonné à lui-même, dit
encore le Dr Dufour, Noé M... ne se sert presque pas de
sa vue. Il marche les mains en avant, et tâtonne en
cherchant le loquet de la porte, exactement comme s'il
n'y voyait pas. Cependant, si on le rend attentif aux en-
seignements qu'il peut tirer de son œil, et qu'on l'empêche
par exemple de chercher son chemin avec les deux bras
étendus en avant, il suit une direction qui est évidemment
donnée par le sens visuel. C'est ainsi qu'après l'expérience
des papiers on dit à Noé M... : « Vous pouvez retourner
dans votre chambre. » La porte de sortie est dans la
paroi opposée à la fenêtre. Aussitôt il étend ses mains,
et, quoiqu'il ait les yeux ouverts, avance avec précaution.
Je l'arrête, et je lui dis : « A bas les mains. Ne voyez-vous
pas là-bas quelque chose de jaune qui brille ? — Oui. —
Eh bien, c'est le loquet de la porte; marchez de ce côté,
et, quand vous y serez, étendez la main. » Le malade marche
dans la direction de la porte, il s'arrête deux pas trop tôt
et dirige son bras avec peu de précision, mais pourtant
avec une intention évidente, du côté de la poignée en laiton
qu'il trouve enfin après s'être encore rapproché à tâtons. »

On voit que le jeune Noé M... était capable de faire très

bien ce que, de l'aveu de tout le monde, font les petits poulets, les petits veaux et les petits crocodiles, et que notre espèce, quant à la vision de l'espace en profondeur, n'est nullement inférieure aux espèces animales. Dira-t-on que si Noé M... s'est trouvé, sitôt après avoir été opéré, en mesure de se diriger vers un point brillant, c'est que sa cécité avant l'opération n'était peut-être pas complète ? Il est vrai qu'avant d'être opéré il percevait quelque clarté, et même deux ou trois couleurs parmi les plus vives, au témoignage du Dr Dufour; mais ce serait une grave erreur de croire que l'expérience antérieure qu'il avait des couleurs ait pu lui servir en rien pour se diriger à l'aide de la vue après avoir été opéré. Car d'abord, en fait, les aveugles qui perçoivent encore, comme Noé M..., quelques lueurs confuses — et ce sont les plus nombreux — se servent assez peu de ces lueurs pour se diriger, par la raison simple qu'elles ne leur permettent de distinguer aucun objet; et l'on voit aisément, quand on les regarde marcher, qu'ils vont tout à fait à tâtons, et comme étant plongés dans l'obscurité la plus complète. De plus, à supposer même que les aveugles se servent quelquefois du peu de vision qu'ils ont pour se diriger, ce qui leur arrive en effet, par exemple, lorsque, dans une chambre éclairée par la lumière du jour ils ont à chercher la fenêtre, il est manifeste qu'il y a une différence énorme à établir entre se diriger ainsi d'après les variations dans l'intensité de la lumière et se diriger, comme fit Noé M... après son opération, vers un objet qu'on cherche à atteindre, et dont l'intensité lumineuse ne varie pas[1]. Il suit de là qu'il n'y

_____

(1) On s'étonne qu'un animal naissant ou un aveugle à qui l'on vient de rendre la lumière voient immédiatement les objets colorés avec leurs véritables situations dans l'espace.

a rien à tirer, pour l'explication de l'aptitude qu'ont les aveugles nouvellement opérés à se diriger dans l'espace à l'aide de leurs yeux, du fait qu'avant l'opération ils ont pu percevoir quelques lueurs. Ce ne sont pas des difficultés, mais des confirmations peut-être décisives qu'apporte l'expérience à la théorie suivant laquelle la vision de l'espace est immédiate, non pas dérivée, mais primitive, et constitutive de la notion d'espace chez tous ceux qui ont le bonheur de jouir du sens de la vue.

IV. — Nous venons de parler du caractère immédiat de la vision des dimensions transversales et des directions ; mais nous n'avons rien dit encore de la vision en profondeur, c'est-à-dire de l'extériorité des images visuelles. Cette dernière question, à proprement parler, n'en est pas une, ou du moins elle est implicitement résolue par les discussions qui précèdent. Que l'on considère, en effet, les deux thèses qui peuvent être soutenues au sujet de la perception de l'espace : l'une attribuant cette perception à la vue, à laquelle se trouveraient subordonnés le tact et le sens musculaire; l'autre l'attribuant au tact et au sens musculaire, auxquels se trouverait subordonnée la vue. Si c'est la première qu'on adopte, la chose va d'elle-

On a tort, et c'est mal comprendre la question, car cette vision des couleurs et de leurs situations, ou plus exactement de leurs directions respectives, est effectivement quelque chose d'immédiat. Ce qui est étonnant plutôt, c'est que, sitôt la sensation visuelle donnée, les membres découvrent si vite les mouvements à effectuer pour porter le corps du côté de l'objet. Il y a là sans doute une aptitude en partie héritée des ancêtres, et en partie due à la nature même des sensations visuelles, nous voulons dire à la prédominance que naturellement ces sensations prennent sur toutes les autres, prédominance qui se manifeste ici dès le premier moment.

même; car, du moment que l'on accorde à la vue le pouvoir de percevoir l'espace, il faut bien lui accorder le
pouvoir de percevoir l'espace tout entier, c'est-à-dire sous
ses trois dimensions, puisqu'il est en soi un et indivisible.
Si c'est la seconde, il n'y aura pas de difficulté encore ;
car alors l'espace visuel n'étant qu'un fantôme d'espace
sans aucune similitude de nature, et même sans aucun
rapport avec l'espace véritable, lequel est d'ordre musculaire et tactile, le mot *extériorité* appliqué aux images
visuelles est aussi éloigné de son plein et véritable sens
que le mot *espace* l'est du sien quand il s'applique à ces
mêmes images; et dès lors rien n'empêche d'accorder
l'extériorité des images visuelles au même sens et sous
les mêmes restrictions qu'on accorde l'existence de l'espace visuel. Du reste, toute la théorie optique la suppose
expressément, puisqu'elle repose sur la fiction de rayons
lumineux allant des objets à nos yeux. Aussi les princi-
paux représentants de la théorie de la perception de l'espace par le sens musculaire semblent-ils fort éloignés du
dessein de contester l'extériorisation des images visuelles
dans l'espace visuel. M. Bain l'admet implicitement en
maint endroit[1]; et M. Spencer s'est repris jusqu'à deux
fois pour expliquer comment les images peintes sur la
rétine peuvent suggérer en nous l'idée d'une ligne, puis
celle d'une surface, et comment enfin « de l'état de conscience produit par l'ajustement focal des yeux... résulte
une conscience indistincte d'un *volume* entier de positions
coexistantes, ou d'*espace à trois dimensions* [2] ».

(1) V. en particulier le passage que nous avons déjà cité :
« Si nos yeux sont adaptés pour la vision nette d'un objet à
six pouces de l'œil... » (P. 324).

(2) *Principes de Psychologie*, t. II, p. 193.

Ainsi, nous devrions pouvoir, ce semble, nous dispenser de traiter à part la question de la vision en profondeur. Cette question cependant s'impose à nous, attendu qu'il existe une théorie qui paraît avoir obtenu, en France au moins, quelque faveur, d'après laquelle la vue pourrait percevoir directement et par elle-même les deux dimensions superficielles des corps, la longueur et la largeur, mais serait incapable de percevoir la troisième dimension, la profondeur, sinon d'une manière indirecte, et seulement en vertu d'une association entre ses données propres et celles du toucher ou du sens musculaire. Cette théorie est un compromis entre les deux théories extrêmes, et un compromis que, très certainement, on ne peut accepter. En effet, que M. Bain soit dans le vrai, et que la profondeur de l'espace ne puisse être perçue par la vue, parce que c'est le sens de la locomotion du corps qui seul peut nous faire connaître l'étendue, la même raison vaudra parfaitement contre la perception visuelle immédiate de l'étendue superficielle, et condamnera, par conséquent, ceux qui admettent l'existence d'une telle perception. Que ce soit nous qui soyons dans le vrai, au contraire, toutes les objections que nous avons opposées à M. Bain vaudront parfaitement contre des philosophes qui nient que la vision de l'espace en profondeur soit immédiate; si bien que, quel que soit celui des deux partis opposés qui ait raison, ces philosophes sont toujours assurés d'avoir tort. Puis, c'est une idée bizarre de supposer que notre perception visuelle de l'espace manque d'homogénéité, étant due pour deux tiers au sens de la vue et pour le dernier tiers au sens tactile ou au sens musculaire, alors qu'au contraire cette idée est si manifestement une et simple. Sans compter que, s'il en était ainsi, nous pourrions avoir la perception d'uh espace à deux dimensions ; et que par suite un tel espace pourrait exister, ou plutôt qu'il existerait, puisque nous le percevrions.

Ce qui a pu donner un semblant de consistance à la théorie dont nous parlons, ce sont certaines objections qu'on croit pouvoir opposer à la perception directe de la profondeur de l'espace, et qui ne s'appliqueraient pas, paraît-il, à la perception de ses dimensions superficielles. Il nous faut donc passer en revue ces objections, et tâcher d'y répondre.

La première est une objection d'ordre spéculatif, que Berkeley le premier a formulée : « La distance, disait Berkeley, étant une ligne qui va directement à l'œil, ne peut donner lieu dans le fond de l'œil qu'à la peinture d'un seul point, qui reste toujours le même, que la distance devienne plus grande ou plus petite [1] » ; ce qui revient à dire qu'aucune raison n'existant pour que l'image lumineuse nous apparaisse à telle distance plutôt qu'à telle autre, elle ne nous apparaît à aucune distance, et par suite ne s'extériorise pas.

Ce raisonnement de Berkeley repose évidemment sur la supposition que la sensation visuelle est une sensation toute passive et toute brute ; et si cette supposition est fondée, il est certain qu'on ne voit pas ce qu'il serait possible de répondre à Berkeley : mais elle ne l'est pas. C'est une erreur absolue, que du reste aucun physiologiste ne commettrait aujourd'hui, de considérer la sensation visuelle comme une simple impression produite par l'objet extérieur sur la rétine. A cette impression viennent, au contraire, s'adjoindre les sensations multiples et pro-

(1) *Nouvelle théorie de la vision*, § 2.

digieusement délicates auxquelles donnent lieu les divers
mouvements des muscles oculaires, lorsque, l'objet apparaissant, l'œil s'adapte de lui-même pour en obtenir la
vision la plus nette possible suivant la distance. Or ce
sentiment de la muscularité de l'œil est précisément, au
jugement des physiologistes, ce qui provoque en nous
l'idée de l'extériorité. M. Bain, sur ce point, est particulièrement net et explicite : « C'est dans la conscience
d'une dépense de force, dit-il, que nous devons chercher
le sentiment particulier de l'extériorité des objets, ou la
distinction que nous ferions entre ce qui nous affecte du
dehors et les impressions que nous ne reconnaissons pas
comme *extérieures*. Toute impression sur les sens qui
éveille la force musculaire, et qui varie avec cette force,
nous l'appelons *externe*[1]. » Il est vrai que M. Bain, en
parlant ainsi, n'a en vue que l'idée d'extériorité due aux
sensations musculaires qui nous viennent de nos organes
locomoteurs; mais on verra plus loin que la muscularité
de l'œil est de même nature que celle de ces organes. Il
n'y a donc pas de raison pour refuser aux sensations
musculaires de l'œil une propriété qu'on reconnaît à toutes
les autres sensations musculaires. Peut-être, du reste,
M. Bain serait-il disposé à concéder ce point. Nous disons
peut-être, car sa théorie là-dessus est assez incertaine. Ce
qu'il affirme expressément, c'est que, si l'on tient compte
des sensations toutes nettement distinguées entre elles
auxquelles donne lieu l'ajustement focal des deux yeux
pour la vision distincte, chaque image visuelle nous fournit un signe discriminatif de la distance à laquelle est
situé l'objet perçu. Mais il semble que la logique de son

(1) Page 336.

système l'oblige à aller plus loin; car, d'abord, il n'y a
rien dans ce système qui permette d'établir une différence
entre les sensations musculaires des yeux et celles des
autres organes au point de vue de l'extériorité : la structure de nos yeux, tout autant que celle de nos mains, par
exemple. semble de nature à donner lieu à l'extériorisation
spontanée des images; et même nos yeux ont sur nos mains
à cet égard l'avantage que l'extériorisation des images visuelles est une véritable projection de ces images dans l'espace à des distances que déterminent les états musculaires
des deux yeux, ou même d'un seul œil, conformément à
des lois simples et purement géométriques. Puis, lorsqu'on
a admis que nous voyons les corps dans leurs vraies directions, mais sans avoir pour cela la moindre idée de ce
que sont ces directions, puisque cette idée ne peut être
que tactile et musculaire, quelle difficulté peut-il y avoir
à admettre que nous voyons encore les distances dans le
sens de la profondeur, mais sans avoir pour cela la
moindre idée de ce que sont ces distances? Nous revenons
par là une fois de plus à cette idée, qui a déjà été exposée
plus haut, que si l'on ne va pas, comme Berkeley, jusqu'à
refuser au sens de la vue toute espèce de commerce avec
l'espace; si l'on sort du pur symbolisme des représentations visuelles pour mettre dans ces représentations ne
fût-ce qu'un germe d'intuition spatiale, on voit nécessairement ce germe se développer, et se transformer en une
perception véritable de l'espace avec tous ses éléments.

Une seconde objection qu'on oppose parfois à la vision
directe de la profondeur est tirée des illusions d'optique
chez les jeunes enfants, dont l'impuissance à reconnaître
les distances est un fait bien constaté, et même chez les
adultes dans une foule de circonstances. Mais cette objec-

tion ne repose que sur une confusion d'idées. Autre chose
en effet, comme le dit tres bien M. Janet [1], est voir *à distance*, autre chose est voir *la distance*. L'objection dont
nous parlons porterait contre cette forme du nativisme
qui consiste à prétendre que l'œil est capable de nous
révéler immédiatement tous les rapports de position et
de distance que l'espace comporte, c'est-à-dire de nous
faire connaître à l'avance ce que seraient des mouvements
que nous n'aurions pas encore effectués : elle ne porte
pas contre la théorie d'après laquelle la vision de l'espace, tout immédiate et spontanée qu'elle est, a besoin
d'interprétation; de sorte que nous n'en avons le véritable sens qu'après que des expériences de mouvement
nous ont révélé ce que signifient les impressions optiques que nous recevons. Que cette interprétation se
fasse plus ou moins bien suivant les conditions dans
lesquelles nous sommes placés, qu'elle ne se fasse pas du
tout au premier âge, il n'y a évidemment rien là qui
puisse surprendre [2].

(1) *Revue philosophique*, janvier 1879.

(2) Il est juste pourtant de reconnaître que l'aptitude à juger
par la vue des distances en profondeur se développe beaucoup moins vite que l'aptitude à juger des distances dans le
sens transversal. Ainsi la jeune aveugle, Marie V..., dont nous
avons eu occasion de parler déjà (p. 96), put distinguer très
rapidement une grande surface d'une petite, et, par exemple,
dire lequel était le plus grand d'un volume in-8° et d'un volume in-12 qu'on lui présentait; mais, plus d'un mois après
avoir recouvré la vue, elle était encore tout à fait incapable
d'apprécier l'eloignement d'un objet qu'à l'œil pourtant elle
jugeait être à distance; et quand elle montait un escalier,
même très bien éclairé, c'était toujours avec cette démarche
qu'on remarque chez les aveugles ; ce qui était un sûr indice
qu'elle était incapable de se rendre compte par la vue seule
si la marche, qu'elle voyait cependant, était à monter ou à

Voici enfin une dernière objection dont on a fait assez grand bruit. Il s'agit de certaines déclarations d'aveugles-nés opérés de la cataracte, desquelles il résulterait qu'au premier moment où ces aveugles reçoivent l'impression de la lumière les objets leur apparaissent comme « touchant leurs yeux ». Mais, pour pouvoir conclure de là ce que l'on en conclut, il faudrait s'assurer d'abord si le mot *toucher* employé par les aveugles a ici la pléni-tude de son sens naturel. Par exemple, tous les aveugles vous diront couramment : « J'ai *vu* telle personne aujour-d'hui. » Cela veut dire : Je me suis rencontré avec elle, ou je lui ai parlé. Ne se pourrait-il pas que les aveugles se servissent du mot *toucher* en un sens détourné, comme ils se servent du mot *voir*? Et de fait, il est certain *a priori* qu'il en doit être ainsi ; car, à parler littéralement, tou-cher une couleur ou une image visuelle est une chose qui n'a aucun sens. Il y a donc certainement de la part des aveugles nouvellement opérés emploi abusif, ou du moins illittéral, du mot *toucher*. Reste à savoir quelle est dans leur bouche la véritable signification de ce mot. M. Paul Janet estime que « le mot *toucher* n'est ici qu'une métaphore, qui veut dire que la lumière agit immédiate-ment sur le sens de l'œil, comme la chaleur sur la main[1] ». C'est aussi notre avis, sauf une légère dissidence. Il ne

descendre. Cette différence s'explique fort bien par cette con-sideration que, dans la vision de l'étendue transversale, il y a aux extrémités de l'image un changement de couleur qui constitue un point d'arrêt, et qui, par conséquent, délimite l'objet en superficie, tandis qu'il n'y a rien qui délimite la distance ou profondeur ; mais on aurait tort de croire qu'il y ait là le fondement d'une objection contre la vision de la troisième dimension de l'espace.

(1) *Revue philosophique*, janvier 1879, p. 5.

nous semble pas que le mot *toucher* soit chez les aveugles
opérés une expression métaphorique; car la chose paraît
peu naturelle, surtout étant donné que cette expression
a été employée par tous les aveugles qu'on a interrogés,
sans exception peut-être. Une métaphore ne s'impose pas
avec cette généralité. Il doit donc y avoir une raison positive et déterminable de l'emploi du mot *toucher* par les
aveugles qui commencent à jouir du sens de la vue. Voici
quelle serait cette raison, selon nous.

Si, comme nous le supposons, l'aveugle nouvellement
opéré voit dès le premier moment dans l'espace suivant
la profondeur, il est certain qu'il ne pourra pas même se
douter de cette circonstance, son esprit étant déjà en
possession d'une notion de la distance sans aucun rapport
avec ce qu'il voit. On peut invoquer en faveur de cette
assertion des raisons décisives. Par exemple, le Dr Dufour
montra à l'aveugle qu'il avait opéré sa main qu'il faisait
mouvoir, et dont la couleur blanche se détachait sur le
fond noir de son habit. Celui-ci vit le mouvement de la
main, et cependant il fut incapable, même après avoir été
averti, de reconnaître que c'était un mouvement qu'il
voyait, et non pas autre chose, parce que ce qu'il voyait
n'avait aucun rapport avec le mouvement qu'il avait perçu
jusque-là par le tact, le seul mouvement, par conséquent,
dont il eût encore l'idée. Le même phénomène se reproduit ici exactement, et en vertu de la même cause.
L'aveugle voit dans l'espace, et par conséquent à distance;
mais cette vision de la distance n'a rien de commun avec
l'idée tactile qu'il en a. Pour lui, une distance entre son
corps et un objet extérieur, cela signifie un certain mouvement de son corps à effectuer pour atteindre cet objet.
Or ici il perçoit sans mouvement; il lui est donc impos-

sible même de soupçonner qu'il perçoive à distance, et si vous le lui dites, il vous croira peut-être, mais à coup sûr il ne vous comprendra pas. Cela étant, est-il surprenant qu'il se serve du mot *toucher* pour désigner sa perception, et même qu'il croie effectivement à un contact entre son œil et l'objet qu'il voit? Pas du tout; car du moment qu'il ne croit pas à une distance entre son œil et l'objet, il doit croire à un contact; et il est certain d'avance que, même si vous le priez de s'expliquer, de bien préciser le sens des termes, et de vous dire si réellement il voit l'objet *touchant* son œil, il persistera à vous dire que c'est bien ainsi qu'il perçoit en effet, et que c'est au sens propre, non en un sens figuré, qu'il emploie le mot *toucher*. Cette réponse est à prévoir, disons-nous, pour le cas même où l'aveugle verrait effectivement à distance. Qu'elle ait été formulée, non en ces termes précis, mais au contraire dans des termes vagues par les aveugles qu'avaient opérés Cheselden, Home et quelques autres, il n'y a donc rien là que de très naturel.

Maintenant, puisque l'on parle de faits d'expérience, nous en avons aussi à invoquer en faveur de notre thèse, les faits qu'opposait Bailey à Berkeley, auxquels on peut joindre l'expérience faite par Frédéric Cuvier sur de petits poulets nouvellement éclos, et rapportée par M. Chevreul[1]. Et il paraît que ces faits ne sont pas d'une

_____

(1) *Mémoires de l'Académie des Sciences*, 1878. Voici en quoi consistait cette experience : « Une poule couveuse fut mise avec des œufs dans un panier couvert d'un drap noir, au centre d'une enceinte circulaire d'un mètre environ de diamètre limitée par une triple rangée de pieux disposés en quinconces, de manière que les petits poulets éclos ne pouvaient sortir de l'enceinte limitée directement dans la rangée du milieu. Qu'arriva-t-il? C'est que chacun d'eux évita le

explication facile au point de vue de l'école anglaise,
puisque des critiques dont le jugement incline vers les
théories que représente cette école, M. Ribot par exemple,
estiment que « sans eux la victoire de la théorie empirique serait complète, et la thèse rivale n'appartiendrait
plus qu'à l'histoire[1] ».

V. — Ainsi, nous voyons l'espace, et nous le voyons
sans l'intervention d'aucun autre sens que le sens visuel.
Mais voir l'espace n'est pas le mesurer, nous en avons
donné plus haut les raisons, et par conséquent, ce n'est
pas percevoir les étendues comme des grandeurs. Quel
est donc le sens par lequel nous mesurons l'espace? Evidemment, c'est encore la vue; attendu qu'il n'est pas possible que nous percevions l'espace par un sens et le mesu-
rions par un autre. Et comme, d'autre part, nous avons
accordé à M. Bain que ce qui mesure l'espace c'est le
mouvement nécessaire pour le parcourir, il s'ensuit que
le mouvement par lequel nous apprécions la grandeur
d'une étendue donnée ne peut être qu'un mouvement *vu*.
Du reste, nous avons rappelé précédemment des faits qui
montrent qu'effectivement il en est ainsi. Si je marche
pour mesurer une distance, c'est visuellement que je me

pieu, en faisant un léger détour, et, une fois hors du cercle,
il allait becqueter directement des grains qu'on avait répan-
dus à quelques mètres du panier, de manière qu'à sa sortie
de l'œuf le petit poulet savait éviter les obstacles opposés à
sa marche directe, et, sans hésitation, se précipitait directement pour se nourrir du grain que ses yeux voyaient pour
la première fois. » La même expérience a été reprise plus
tard en Angleterre, avec un soin extrême, par M. Douglas
Spalding, et a donné des résultats absolument concordants
avec ceux qu'avait obtenus Fr. Cuvier.

(1) *La Psychologie allemande contemporaine*, p. 151.

représente l'amplitude de mon pas; si je meus mon bras
d'une extrémité à l'autre d'un intervalle, c'est la même
chose. Je mesure l'espace avec l'amplitude de mon pas
ou avec l'ouverture de mes bras comme je ferais avec un
mètre ou avec une chaîne d'arpenteur. Or un mètre et
une chaîne d'arpenteur sont incontestablement des mesures visuelles.

Mais voici une difficulté. Si le mouvement par lequel
nous mesurons l'espace est un mouvement vu, ce mouvement est le mouvement d'un corps quelconque, et non
pas de notre propre corps. En effet, la vue est incapable
d'établir aucune différence entre les mouvements de notre
corps et ceux des corps étrangers : je vois ma main se
mouvoir comme je verrais la main d'un autre, et il n'y a
rien, dans ce que la vue m'en fait connaître, qui puisse
me la révéler comme mienne. Donc le mouvement de
translation à travers une étendue d'après lequel je juge
visuellement de la grandeur de cette étendue, est pour
moi le mouvement d'un corps absolument quelconque,
alors même que ce corps est mon propre corps. Or il y a
lieu de se demander si la vision du mouvement dans ces
conditions est une chose possible. Sans doute, si un point
noir passe sous mes yeux devant une surface blanche, je
vois bien que ce point occupe sur cette surface des positions différentes ; mais suffit-il de percevoir un objet dans
des positions différentes, et même de constater que ces
positions sont contigues entre elles et occupées successivement par cet objet, pour reconnaître que cet objet se
meut et pour avoir par là l'idée du mouvement ? Descartes
l'eût pensé, car pour lui le mouvement ne consistait précisément que dans le fait d'occuper successivement des
positions contiguës; mais Leibniz l'eût nié, et c'est à

Leibniz, ce semble, qu'il faut ici donner raison. Le mouvement suppose quelque chose de plus que le passage à travers une série de positions différentes : il suppose une liaison et une connexion entre toutes ces positions, ou plutôt entre les différentes phases du mouvement qui les traverse. En effet, si l'une de ces positions ou de ces phases est indépendante de toutes les autres, on peut l'en isoler; c'est-à-dire que le fait d'occuper l'une de ces positions n'implique pour le mobile aucune tendance à occuper les positions suivantes. Mais alors on demandera en quoi un corps en mouvement, considéré à un moment quelconque de sa course, diffère d'un corps en repos, et comment, par conséquent, le mouvement de ce corps est possible. Déjà au reste, bien avant Leibniz, Zénon d'Élée avait exprimé la même pensée lorsqu'il avait dit : *Si la flèche qui vole n'occupe jamais qu'une position dans l'espace* (c'est-à-dire, si les différentes positions qu'elle occupe sont indépendantes les unes des autres), *la flèche qui vole ne se meut point* (parce qu'elle est immobile dans chacune de ses positions, et qu'une série de positions d'immobilité ne peut constituer un mouvement). Donc il faut admettre que toutes les phases d'un même mouvement sont en connexion les unes avec les autres, et que, dans un corps qui se meut, il y a à chaque moment une tendance à passer aux positions qui suivent celle qu'il occupe : deux choses qui n'en font qu'une en réalité; car ce qui fait la liaison et l'unité de toutes les parties d'un même mouvement c'est précisément la tendance ou la force qui fait que le mouvement commencé se continue ou s'achève. Donc le mouvement suppose la force, et nous n'avons point l'idée du mouvement là où nous n'avons pas l'idée d'une force qui se déploie. D'où il suit que, si l'œil est incapable de nous faire connaître autre chose que des positions successives, l'œil est incapable de nous faire connaître le mouvement; et il faut en revenir, pour l'origine de cette notion fondamentale, au sentiment de la muscularité du corps et des membres, parce que là seulement nous prenons conscience à la fois d'une série de positions successivement occupées, et d'une force produisant le déplacement à travers ces positions.

Cette critique serait fondée si l'exercice du sens visuel ne donnait lieu en nous à aucune sensation musculaire; mais il n'en est pas ainsi. De même que la main, l'œil est le siège de deux sortes de mouvements; d'abord ce que nous avons appelé antérieurement les *mouvements sur place*, grâce auxquels se constituent les sensations d'étendue soit visuelles, soit tactiles, et ensuite les mouvements de translation par lesquels l'espace est parcouru et mesuré. L'œil sous ce rapport est donc parfaitement analogue à la main, et l'un des deux organes peut tout ce que peut l'autre. — Cette assimilation est inexacte, diront les partisans de la théorie de l'école anglaise : la main se meut dans l'espace même qu'il s'agit de mesurer; l'œil ne se meut que dans son orbite : il n'y a pas de parité à établir entre ces deux mouvements. Le premier nous donne réellement la mesure de l'espace, le second ne peut nous la donner. — Nous accorderons bien que pour mesurer une distance il faut connaître l'amplitude du mouvement nécessaire pour la parcourir; mais le mobile que nous voyons marcher ne la parcourt-il pas devant nous; et le mouvement qu'il exécute ne nous est-il pas connu comme durée et comme vitesse, c'est-à-dire avec les éléments qui constituent son amplitude? Où donc est ici la difficulté? C'est que, comme on vient de le dire, il faut,

pour que nous ayons l'idée d'un mouvement, que la perception d'une série de positions successivement occupées
par un corps s'accompagne de l'idée d'une force qui tend
à faire passer ce corps de la position qu'il occupe maintenant aux positions suivantes. Mais c'est là précisément à
quoi nous sert le sentiment que nous avons du déplacement de l'œil dans son orbite. Quand M. Bain soutient
que tous les mouvements de notre œil ne peuvent nous
révéler d'avance quel mouvement serait effectivement
nécessaire pour passer d'une extrémité à l'autre d'un
intervalle donné, il a raison sans doute ; mais ce n'est pas
à mesurer directement les distances dans l'espace que
nous sert la muscularité de l'œil, c'est à interpréter les
changements que nous percevons lorsque des corps se
déplacent sous nos yeux, et à donner à ces changements
le caractère de mouvements véritables, par lesquels nous
puissions juger des dimensions que présentent les étendues où ils se passent.

Que pourrait-on objecter à cela? Que pour mesurer
l'espace il nous faut un mouvement qui soit un mouvement par lui-même, au lieu de ne l'être qu'en vertu d'une
interprétation ? Mais il est clair que ce qui est un mouvement d'une manière effective, et ce qui nous apparaît
comme tel, a par rapport à nous toutes les qualités qu'un
mouvement peut avoir, même s'il ne nous apparaît
comme mouvement qu'en vertu d'une interprétation. —
Que pour nous donner l'idée de la force, et du mouvement
que la force produit, la muscularité des yeux ne vaut pas
celle des organes locomoteurs? Mais, au contraire, l'idée
de force est attachée à l'exercice de la muscularité en
général, et par suite, elle ne dépend des mouvements
d'aucun organe en particulier. On peut du reste prouver

ce point par des faits positifs. Lorsque l'espace, ne pouvant être mesuré par le sens de la vue, l'est par un autre sens, comment l'est-il? On sait que, pour parcourir l'espace autrement que ne le parcourent les yeux, nous avons trois mouvements possibles à exécuter, celui des jambes, celui des bras et celui des doigts. Auquel de ces trois mouvements accordera-t-on le privilège de susciter en nous les vraies sensations musculaires, celles par lesquelles nous sont révélées les grandeurs dans l'espace ? Apparemment, on répondra que tous trois se valent à cet égard, et l'on n'aura pas tort. Mais pourtant il est certain qu'une sensation musculaire des jambes n'est pas une sensation des bras et des doigts, et que toutes ces sensations sont spécifiquement différentes entre elles. Si donc toutes, indifféremment, nous font connaître l'espace comme grandeur, c'est qu'il y a en elles un élément commun, qui répond précisément à la grandeur de l'espace parcouru. Mais, s'il y a un élément commun à trois sensations musculaires, il n'y a pas de raisons pour que cet élément ne se retrouve pas dans toutes les sensations musculaires du corps, dans celles des yeux comme dans toutes les autres : et, comme cet élément commun est justement l'essentiel de l'idée de mouvement, il n'y a pas de raisons non plus pour que les sensations musculaires de l'œil ne soient pas aptes à donner leur véritable sens et leur vrai caractère aux mouvements vus par lesquels nous mesurons les grandeurs spatiales.

VI. — Il y a pourtant encore une difficulté à résoudre avant qu'on soit définitivement en droit de conclure que le sens visuel est apte à mesurer les distances. Cette difficulté a été formulée par Berkeley dans le passage suivant : « La grandeur d'un objet qui existe hors de l'âme, et qui est à quelque distance, est constamment la même ; mais l'objet visible changeant toujours à mesure qu'on s'en approche ou qu'on s'en éloigne, n'a point de grandeur fixe et déterminée. Ainsi, toutes les fois que nous parlons de la grandeur d'une chose, par exemple d'un arbre ou d'une maison, nous devons entendre la grandeur perçue par le tact; sans quoi il y aurait toujours de l'équivoque[1]. » En d'autres termes, la notion musculaire et tactile d'une grandeur est quelque chose de fixe, la notion visuelle ne l'est pas. Cela tranche, aux yeux de Berkeley, la question de savoir auquel des deux ordres de perceptions appartient l'unité de mesure dont nous nous servons. « Les pouces, les pieds, etc., sont des longueurs établies par lesquelles nous mesurons les objets et déterminons leurs grandeurs; nous disons, par exemple, qu'un objet paraît avoir en longueur six pouces ou six pieds. Or que cela ne doive pas s'entendre de pouces ou de pieds visibles, c'est ce qui est évident, parce qu'un pouce visible n'est pas en soi une grandeur déterminée, et par conséquent, ne saurait servir de mesure pour déterminer la grandeur de quelque autre objet. Prenez un pouce marqué sur une règle, et considérez-le successivement à la distance d'un demi-pied, d'un pied, d'un pied et demi de l'œil; à chacune de toutes les distances et à toutes les distances intermédiaires, le pouce aura des étendues visibles différentes, c'est-à-dire que vous y apercevrez plus ou moins de points[2]. »

Pour répondre à cet argument, nous demanderons si

---

(1) *Nouvelle theorie de la vision*, § 55.
(2) *Ibid.*, § 61.

la grandeur *vraie* qui est attribuée par nous à un objet, et qu'on suppose perçue par le tact, comme disait Berkeley, ou par le sens musculaire, comme on le croit généralement aujourd'hui, doit être nécessairement, suivant Berkeley, quelque chose d'*absolu*, c'est-à-dire quelque chose d'existant en soi et par soi, indépendamment de tout rapport à l'organe percepteur, lequel, dans ce cas, percevrait la grandeur en question exactement telle qu'elle est. Si telle est la pensée de Berkeley, on peut lui renvoyer son objection, et lui dire que le tact et le sens musculaire sont incapables, tout autant que la vue elle-même, de nous donner des grandeurs une connaissance absolue; de sorte que sa propre théorie ne satisfait pas mieux que la nôtre aux exigences de ses principes. Mais il est clair que ce n'est pas là ce que Berkeley veut dire. Sa pensée est celle-ci : pour mesurer les grandeurs, il faut une unité de mesure; mais une unité de mesure doit être *relativement absolue*, c'est-à-dire absolue, non pas en elle-même, mais à l'égard du sens auquel elle se rapporte; de sorte que ce sens fonctionnant normalement suivant ses lois propres, ne la découvre pas tantôt plus grande, tantôt plus petite: or, pour le sens de la vue, il ne peut pas y avoir une unité qui remplisse ces conditions.

A le prendre ainsi, l'objection de Berkeley a sa raison d'être; mais elle est d'une solution facile, et c'est la physiologie moderne qui va nous en fournir la réfutation. « Wheatstone, dit M. Bain[1], imagina un instrument qui est une modification de son stéréoscope réflecteur, au moyen duquel il peut présenter des images aux deux

---

(1) *Les Sens et l'Intelligence*, p. 345. Helmholtz donne la description de cet instrument dans son *Optique physiologique*, p. 823.

yeux, de telle sorte que la distance puisse changer tandis que la convergence des deux yeux reste la même, ou que la convergence varie tandis que la distance reste la même, dissociant ainsi deux effets qui vont toujours ensemble dans la vision ordinaire. Le résultat des expériences fut de montrer l'influence que chacune des deux circonstances, à savoir la convergence des yeux et la grandeur de l'image sur la rétine (grandeur qui augmente quand l'objet se rapproche), exerce sur le jugement de la distance. Wheatstone a trouvé que, la distance de l'objet restant la même, une convergence plus grande des deux yeux fait paraître l'objet plus petit, la vision ordinaire exigeant une augmentation de la convergence quand les objets sont rapprochés. Il en résulte donc que, lorsque la grandeur rétinienne n'est pas changée, une convergence plus grande donne la perception d'un volume plus petit. D'autre part, en ne changeant rien à l'inclinaison des axes, et en rapprochant les images, ce qui augmente l'image rétinienne, nous avons une perception d'une augmentation de volume de l'objet. Donc la grandeur d'un objet, pour la perception visuelle, diminue à mesure que l'inclinaison des axes augmente, tandis que la distance reste la même; et elle s'accroît quand l'inclinaison des axes reste la même, tandis que la distance diminue. Quand ces deux conditions varient en sens inverse, comme dans la vision ordinaire, alors que la distance varie, la grandeur perçue reste la même. »

Ainsi, le fait allégué par Berkeley, à savoir que la grandeur apparente des objets varie en raison inverse de leur distance, est faux, du moins tant que la distance n'excède pas une certaine limite. Du reste, l'expérience la plus vulgaire est là pour en témoigner. Qu'on dise, par exemple, si un homme paraît plus grand à trois pas qu'à six pas. Le sens de la vue peut donc fort bien nous présenter ces unités de mesure *relativement absolues*, sans lesquelles il est vrai que nous serions incapables de comparer entre elles les différentes grandeurs que comporte l'espace, et par là même de nous faire de l'espace aucune idée.

La difficulté à laquelle donne lieu l'unité de longueur est cependant bien réelle; mais elle n'est pas là où la voit Berkeley. La vraie difficulté, à notre avis, c'est de comprendre comment, parmi les diverses représentations que nous donne un sens des grandeurs spatiales, nous en choisissons une pour mesurer toutes les autres. On s'imagine souvent répondre à cette question en disant que les unités de grandeur dont nous nous servons pour mesurer l'espace sont choisies par nous arbitrairement. Sans doute, toute unité est choisie arbitrairement. Ainsi, c'est arbitrairement que nous avons substitué, pour la mesure des longueurs, le mètre à la toise. Mais toute unité arbitrairement choisie en suppose avant elle une autre qui n'a rien d'arbitraire. Par exemple, je dis que le mètre est la quarante millionième partie du méridien terrestre. Mais il faut que le méridien terrestre soit donné, et qu'il le soit indépendamment du mètre; autrement je n'ai plus de metre. D'où vient donc la grandeur du méridien terrestre, ou, ce qui revient au même, d'où vient la grandeur du mètre à titre de donnée première et fondamentale de la représentation ? La question n'est pas aisée à résoudre, et l'on nous pardonnera de ne pas nous y attacher, parce que c'est une question qui veut être traitée pour elle-même, et non pas d'une manière incidente, comme nous serions obligé de le faire ici. Du reste, si elle est embarrassante pour la thèse que nous défendons, elle ne l'est pas moins pour la thèse de Berkeley et des psychologues anglais contemporains, car elle est en dehors des controverses auxquelles donnent lieu ces deux thèses en tant qu'elles s'opposent l'une à l'autre. Certains philosophes cependant paraissent croire que le sens musculotactile pourrait avoir, quant à la constitution de l'unité de longueur, un avantage sur le sens musculo-visuel, en ce que les sensations qu'il nous donne, celles du mouvement des jambes par exemple, sont d'égale amplitude et rythmiques. Nous ne pensons pas, pour notre part, que le mouvement rythmique des jambes soit pour rien dans la constitution d'une idée musculo-tactile chez ceux qui possèdent cette idée. Mais, à supposer même que cette opinion fût exacte, on alléguerait en vain que le sens musculo-tactile seul peut nous fournir l'idée de l'unité de longueur ; car l'œil a aussi ses mouvements rythmiques, et par conséquent, le sens musculo-visuel est à cet égard tout à fait assimilable à l'autre. Il n'existe donc aucune raison qui nous oblige à traiter ici une question plutôt métaphysique que psychologique, et qui ne présente avec la théorie de la perception de l'espace que des rapports éloignés.

VII. — Tâchons maintenant de préciser avec exactitude le résultat auquel conduisent, à ce qu'il nous semblé, les discussions qui précèdent.

On se rappelle la théorie que paraît adopter M. Bain au sujet de la vision des directions et des grandeurs dans le sens transversal, la théorie de la *vision ignorante*, comme nous l'avons nommée ; laquelle consiste à prétendre que la vision des directions et des grandeurs, tout en étant immédiate, ne nous instruit en rien d'abord de ce que sont les directions et les grandeurs, parce que ces notions se rapportent exclusivement au sens de la loco-motion, et qu'il n'est pas possible que des états de nos yeux nous fassent connaître directement quels mouvements de nos membres nous porteraient d'un point visible à un autre point. Nous avons reproché à M. Bain cette théorie de la *vision ignorante* comme incompatible avec ses prin-cipes[1]; mais nous l'adopterons pour nous, parce qu'elle s'impose suivant les nôtres. Du moment, en effet, que nous avons une vision de l'espace, comme aucun sens étranger n'intervient pour rendre l'œil capable de cette vision, il faut bien reconnaître qu'elle est immédiate. Mais comme, d'autre part, nous repoussons absolument la doctrine nativiste, suivant laquelle l'œil n'aurait qu'à s'ouvrir sur le monde extérieur pour nous en faire con-naître de suite tout ce que nous en saurons jamais quant aux directions, aux distances, etc.; et comme nous adop-tons la doctrine contraire, d'après laquelle le spectacle des choses visibles ne nous instruit qu'à la condition de recevoir une interprétation, qu'à la vérité la vue elle-même est chargée de nous fournir, il s'ensuit que cette vision ne peut être, du moins à l'origine, qu'une *vision ignorante.*

Ainsi l'éducation de l'œil peut bien être nécessaire pour donner à nos perceptions visuelles plus de netteté et de distinction; elle l'est surtout pour leur donner au regard de notre esprit leur signification quant à l'espace et aux relations que l'espace enveloppe; mais elle ne l'est pas pour rendre ces perceptions représentatives de l'espace d'une manière générale. Par le seul fait que nous voyons les objets nous les voyons comme ils sont, et là où ils

(1) Voir plus haut p. 65, sqq.

sont; et cependant il est vrai de dire que nos perceptions
visuelles ne sont que des symboles dont il nous faut
découvrir le sens, ce qui exige naturellement du temps et
de l'expérience.

Il est pourtant des faits qui semblent être en opposition formelle avec cette conception de la nature de nos
perceptions visuelles. Ainsi, il n'est pas vrai que les corps
nous apparaissent toujours là où ils sont : au contraire,
il nous arrive constamment que des corps nous apparaissent dans une situation qui n'est pas leur situation
véritable : dès lors, comment dire que notre vision primitive de l'espace est une vision vraie quoique ignorante? Le phénomène de la vision binoculaire donnerait
lieu à une objection toute semblable. Mais cette objection peut être résolue aisément par une distinction légitime entre la vision *de fait* et la vision *de droit*. En droit,
tous les corps apparaissent à nos yeux situés précisément là où ils se trouvent en effet. Qu'après cela des circonstances particulières, comme la présence de milieux
translucides, viennent altérer cette vision de droit et la
transformer en une vision de fait dans laquelle la situation des images est autre que celle de leurs objets, c'est
là un accident dont il n'y a pas à s'occuper au point de
vue de la théorie générale de la perception. Si la lumière
n'était pas réfractée par l'atmosphère qui enveloppe
notre terre, nous verrions les astres là où ils sont, au lieu
de les voir à une place différente : cela suffit pour que
l'on puisse dire avec vérité que l'espace est perceptible à
nos yeux, et que les situations que nous voyons les corps
y occuper sont leurs situations véritables. De même, pour ce
qui concerne la vision binoculaire, si notre vision *actuelle*
faisait exister les corps quant à leurs situations, à leurs

grandeurs, à leur figure, comme dans la philosophie de
Berkeley c'est la perception *actuelle* qui fait toute la
réalité des choses perçues, il serait impossible de comprendre comment une vision, qui est indéterminée par
cela même qu'elle est double, pourrait servir de base à
l'existence de quelque chose de déterminé dans l'espace.
Mais ce n'est pas ainsi qu'il faut l'entendre. Quand nous
disons que, pour les clairvoyants, l'espace est objet de
vision, cela signifie que, par rapport aux clairvoyants,
l'espace est constitué suivant une loi telle qu'il devient
un objet possible pour le sens de la vue, lui et toutes les
relations qu'il enferme; de sorte qu'en vertu de cette loi
la configuration d'un corps est de nature à être perçue
par la vue, et non par le toucher ou par tout autre sens.
Mais cela ne se rapporte qu'à une vision en quelque
sorte idéale, à laquelle il se peut bien qu'en fait la vision
réelle ne soit jamais entièrement conforme. Il n'y a donc
pas lieu de nous opposer les différences quant à l'espace
qui existent entre ce que nous voyons et ce qui est, parce
que l'existence de ces différences n'a aucun rapport
avec la question qui nous occupe ; et par conséquent,
nous croyons être en droit de maintenir les conclusions
auxquelles nous ont conduit à la fois l'expérience et le
raisonnement.

———————

CHAPITRE VI

L'ESPACE VISUEL ET L'ESPACE TACTILE

I. — Si l'espace, pour les clairvoyants, appartient exclusivement au domaine de la vue, il est évident que pour les aveugles-nés il appartient exclusivement au domaine du tact, et s'il existait outre les clairvoyants et les aveugles une troisième catégorie d'hommes qui perçussent l'espace par un sens différent à la fois de la vue et du toucher, l'espace prendrait dans la représentation de ces hommes une troisième forme, différente à la fois de la forme visuelle et de la forme tactile. C'est donc une conséquence manifeste des théories que nous avons adoptées que l'espace, au lieu d'avoir une nature propre et absolue, n'a qu'une nature relative, que conditionne la structure du sens par lequel il est perçu, et duquel par là même il relève.

Mais comment faut-il l'entendre, et quel est le sens précis qu'il convient d'attribuer à ces mots : *la forme de l'espace?* L'espace a-t-il donc une *forme*, et ne semble-t-il pas, au contraire, que, consistant dans la simple extension en longueur, largeur et profondeur, il soit le lieu de toutes les formes possibles, ou la matière commune

à laquelle toutes les formes s'appliquent; de sorte que
l'indétermination, loin d'être pour lui un obstacle à l'existence, est le caractère essentiel de sa nature? — Que l'extension en longueur, largeur et profondeur soit une propriété commune à l'espace visuel, à l'espace tactile et à
tous les espaces possibles, nous ne le contestons pas;
mais ce que nous contestons c'est que l'extension en longueur, largeur et profondeur soit l'espace même, et que
tout le contenu de l'idée que nous avons de l'espace se
réduise à l'idée que nous avons de cette extension. A l'extension il faut joindre la figure. Descartes, et presque tous les
philosophes après lui, ont considéré la figure comme un
simple mode de l'étendue, et, par conséquent, comme un
accident de la nature de l'espace : ils ont eu tort. L'étendue
n'est pas plus l'extension sans la figure que la figure sans
l'extension. Extension et figure sont deux termes insépa,
rables l'un de l'autre, sauf pour l'abstraction intellectuelle
et l'étendue est l'union intime, la synthèse des deux.

On peut établir ce point par des raisons multiples.
D'abord, tout le monde accorde que l'espace n'a point
d'existence absolue, et n'est rien indépendamment des
corps. Il suit de là que se représenter l'espace c'est se
représenter des corps, puisque, si l'espace était représentable sans les corps, il pourrait être réalisé en lui-
même et en dehors d'eux, ce qui n'est pas. Mais l'idée de
corps entraîne l'idée de limites; donc c'est une illusion
pure de s'imaginer qu'on puisse se représenter l'espace
sans le délimiter en quelque manière, c'est-à-dire sans y
tracer des figures, et par conséquent, la représentation de
quelque figure fait partie intégrante de l'idée d'espace.

Considérons, en second lieu, les figures des corps que l'un
de nos sens, la vue par exemple, nous permet de percevoir.

Dira-t-on que la nature de ces figures ne tient en rien à celle de l'espace, qu'il n'y a rien en elles de proprement spatial ? C'est évidemment impossible. Et cependant, pour que l'espace existât indépendamment des figures dont il ne serait plus alors que le réceptacle, il faudrait que les figures pussent exister indépendamment de lui, et comme s'il n'était pas. La raison en est que, si l'extension en longueur, largeur et profondeur conditionne la figure visuelle, elle n'est pas seule à la conditionner, puisque le sens de la vue y intervient également. Donc il faut que l'espace se prête à cette intervention de la vue, c'est-à-dire qu'il soit adapté à quelque degré à la nature du sens visuel. Par conséquent, c'est une erreur absolue de considérer l'espace comme amorphe, et comme indéterminé à l'égard des figures que nos sens y peuvent construire. Du reste, il est clair que si l'espace comportait une indétermination de ce genre, il serait indifférent à recevoir toutes les figures : c'est-à-dire qu'une figure visuelle et une figure tactile y pourraient coexister. Mais alors on ne concevrait plus que, dans l'espace ainsi entendu, les sens et l'imagination construisissent, chez les clairvoyants d'une part, et chez les aveugles de l'autre, deux séries de figures totalement irréductibles, ni même simplement différentes entre elles; car quelle est la figure que l'imagination d'un autre pourrait tracer dans le vide absolu de la pure et simple extension, et que la mienne serait impuissante à suivre ? Du moment donc qu'on admet l'hétérogénéité plus ou moins radicale aes différents systèmes de figures dus à l'exercice de nos différents sens, on doit nécessairement reconnaître que l'espace n'est pas un et uniforme, mais multiple et varié, et que les formes qu'il prend sont hétérogènes et irréductibles entre elles, bien que toujours on y trouve la propriété de s'étendre en longueur, largeur et profondeur.

Ajoutons que la thèse de l'espace réduit à la pure et simple extension implique, à l'égard de la nature de l'espace, des erreurs capitales. Si l'idée d'espace ne comporte rien de plus que l'idée d'extension, l'espace est homogène dans toutes ses parties; par suite il est divisible : il l'est même indéfiniment. Dès lors, que devient son unité? Certains philosophes paraissent se soucier peu de l'unité de l'espace; mais, si l'unité de l'espace disparaît, que devient l'unité de l'univers? Et si l'univers cesse d'être un, comment la conscience demeurera-t-elle possible? N'est-ce pas renoncer à l'intelligence même que de considérer la multiplicité des choses comme définitive et fondamentale? Mais ce n'est pas seulement comme condition de l'unité de l'univers que l'unité de l'espace est nécessaire, c'est encore comme condition de l'unité des étendues partielles qu'il contient dans son sein. Si l'espace, en effet, n'est pas un, comment les étendues particulières le seront-elles? Et si les étendues ne sont pas unes, comment ne pas voir qu'elles vont se dissoudre, et au regard de l'esprit, et en elles-mêmes, en une poussière infinitésimale de parties, dissolution qui ne peut avoir pour terme que le néant absolu? Ainsi l'espace est un. Mais, s'il est un, il *est* au sens le plus plein et le plus littéral du mot ; puisque, comme l'a dit très bien Leibniz, *ens et unum convertuntur;* c'est-à-dire qu'il est métaphysique, dynamique et vivant, ou plutôt qu'il est la vie elle-même, en tant qu'elle se déploie dans son unité et dans sa variété infinie. Dès lors, comment comprendre qu'il soit indéterminé par rapport aux manifestations les plus essentielles de la vie, à savoir les sensations? Supposer pareille chose ne serait-

ce pas, au contraire, le concevoir comme inerte et mort?
Il faut donc, étant la forme essentielle de la vie, qu'il soit
déterminé comme les sensations, et avec elles ou par elles,
puisqu'il est destiné à leur servir de cadre. D'autre part,
s'il est un, il est tout entier dès qu'il est. Par conséquent,
si dans ce que nous considérons comme l'une de ses parties il a pris la forme d'un sens, il faut que cette forme
le pénètre intégralement; et si cette forme est exclusive
de la forme d'un sens différent, il n'y aura point, dans
tout l'espace qui a commencé à subir la loi du premier
sens, de place pour une représentation du second.

II. — Il est cependant une objection possible à cette
thèse : c'est que les figures géométriques que se représ-
sentent les clairvoyants et celles que se représentent les
aveugles sont nécessairement les mêmes, puisqu'il n'y a
pour les uns et pour les autres qu'une seule géométrie.

La solution de cette difficulté est dans cette vérité incontestable que la géométrie n'est pas une science de *choses*,
mais une science de *rapports*.

Est-il nécessaire de démontrer que la géométrie est
une science de rapports? Cela résulte de sa définition
même, puisque tous les mathématiciens sont d'accord
pour reconnaître que son objet c'est la *mesure* et l'*ordre*
des parties de l'espace, et que, très certainement, la mesure est un rapport de même que l'ordre. Du reste, il
suffirait pour s'en convaincre de prendre garde que
toutes les propriétés des figures de la géométrie, leur
grandeur, leur forme, leur situation ont leur expression
adéquate et parfaite dans les formules de l'algèbre[1]; ce

(1) Nous avons contesté plus haut (p. 57, *note*) une opinion de
M. Taine qu'on pourrait croire, au premier abord, ne différer

qui revient à dire que tout ce qui dans ces figures est objet de science, tout ce dont le géomètre s'occupe est abstrait, se ramène aux lois de la quantité pure, et par conséquent, est rapport. Ce que nous disons là s'applique évidemment aux figures de la géométrie telles que se les représentent les clairvoyants. Supposons maintenant que les figures de la géométrie telles que se les représentent les aveugles diffèrent des premières, et même en diffèrent autant qu'on le voudra : ce que nous avons dit des unes s'applique nécessairement aux autres. Les figures de la géométrie des aveugles, de même que celles de la géométrie des clairvoyants se réduisent donc, quant à leurs formes, uant à l'ordre de leurs parties, quant à tout ce qui les constitue enfin, sauf l'apparence concrète qu'elles revêtent comme objets de notre sensibilité, à un ensemble de rapports, c'est-à-dire à l'algèbre; et par suite elles ont identiquement même contenu intelligible, même essence que les précédentes, et constituent avec celles-ci une seule et même géométrie, puisque la géométrie c'est l'algèbre même, et que l'algèbre n'est pas double. On voit par là que rien n'autorise à se fonder sur

---

en rien de celle que nous exprimons ici. La différence pourtant est réelle. M. Taine, en disant que les distances et les directions ne sont que des rapports, semblait oublier que tout rapport suppose des termes qu'il unit, et que les termes peuvent changer sans que le rapport change. Ce n'est pas donner la distance de la terre au soleil que de dire qu'elle est *n* fois plus grande que la distance de la terre à la lune, si l'on ne détermine la distance de la terre à la lune que par un autre rapport, et ainsi de suite indéfiniment. Les rapports dont s'occupe la géométrie supposent donc quelque chose de *donné*, qui ne peut venir que de la sensibilité. Mais il n'en est pas moins vrai que la géométrie a pour objet les rapports seuls, et nullement les données sensibles qu'ils supposent.

l'identité de la géométrie des aveugles avec la nôtre pour affirmer l'identité des figures qu'ils se représentent avec celles que nous nous représentons.

Mais on peut aller plus loin. Sans doute il serait excessif de vouloir prouver la diversité des formes géométriques que prennent les corps chez les clairvoyants et chez les aveugles précisément par l'unité de la géométrie, que nous supposions tout à l'heure pouvoir être alléguée comme établissant le contraire ; et pourtant, si l'on veut bien réfléchir à l'identité fondamentale de la géométrie et de l'algèbre ; si l'on veut bien se pénétrer de cette vérité qu'elles sont une seule et même science, et que toute la différence qui existe entre elles tient à ce que l'algèbre n'a rapport qu'à l'entendement pur, tandis que la géométrie a rapport aux sens en même temps qu'à l'entendement ; si l'on comprend bien, par conséquent, que les figures de la géométrie ne sont que des symboles sensibles de rapports algébriques, et comme la traduction dans le langage de notre sensibilité des formules purement abstraites de l'algèbre, on n'aura pas de peine, croyons-nous, à admettre que la géométrie, dans l'élément sensible qu'elle admet nécessairement, c'est-à-dire dans les figures représentables auxquelles s'appliquent les propositions qui la constituent, est contingente, variable, relative à nos organes, et susceptible par là même de se modifier si nos organes étaient différei 's.

Que pourrait-on objecter à cela ? Que nous voyons bien, quand un aveugle démontre un théorème de géométrie, qu'il le fait sur les mêmes figures que nous ; que ses lignes droites, ses angles, ses circonférences ont identiquement même configuration que les nôtres, sauf qu'on a été obligé de leur donner un certain relief pour les rendre tangibles? Ce serait méconnaître cette vérité, pourtant évidente, que tout ce qui entre dans notre représentation prend nécessairement, et par cela même, les formes d'espace que la loi de cette représentation lui impose; que, par conséquent, nous ne pouvons nous représenter l'aveugle autrement qu'opérant sur nos lignes droites, sur nos angles, sur nos circonferences à nous; mais que, si les figures sur lesquelles nous voyons un aveugle démontrer un théorème de géométrie se composent par rapport à nous de telle manière déterminée et particulière, rien ne nous autorise à affirmer que sous les organes et dans la pensée de l'aveugle elles se composent de la même manière. Ainsi, l'unité de la géométrie ne peut décidément, ce semble, fournir aucun appui à ceux qui voudraient nier la multiplicité des formes de l'espace.

III. — Une dernière question nous reste à résoudre. Nous avons pris pour accordé, sans le discuter nulle part, attendu qu'il nous a paru être l'évidence même, ce principe qu'une forme d'espace qui se voit ne peut pas se toucher; que la surface plane d'une tablette de marbre, que la ligne droite qui limite cette surface, étant des figures que perçoit mon œil, sont aussi étrangères à la représentation des aveugles-nés que peuvent l'être des images de couleurs, et qu'inversement, les images de cette même surface et de cette même ligne que se représente un aveugle-né n'existent pas pour moi, puisque, très certainement, j'ai de l'espace une idée unique et non pas deux idées. Mais, ce principe accordé en effet, il y a lieu de se demander encore jusqu'à quel point ces formes multiples d'espace, qui répondent chez les êtres sensibles à la diversité des sens par lesquels l'espace est perçu, sont hétérogènes et irréductibles les unes aux autres[1]; car, de ce que la ligne visuelle n'est pas la ligne tactile, il ne résulte pas qu'entre la ligne visuelle et la ligne tactile il n'y ait absolument rien de commun.

D'abord, il est certain que l'hétérogénéité des différentes formes de l'espace ne va pas jusqu'a les empêcher d'avoir en commun l'extension en longueur, largeur et profondeur, c'est-à-dire la continuité avec les trois dimensions, non plus que de donner lieu à un seul et même système de rapports constituant une seule et même science géométrique.

Il est un autre point encore sur lequel toutes les formes possibles de l'espace se retrouvent avec une nature identique. Nous avons vu précédemment[2] qu'il y a un élément commun à toutes les sensations musculaires du corps, que ces sensations viennent de la main, des yeux ou de tout autre organe. L'idée d'espace ne pouvant se consti-

---

(1) Cette question a été traitée d'une manière directe dans les trois articles de la *Revue philosophique* publiés en 1888, qui ont été rappelés plus haut : elle en faisait même l'objet fondamental. Ici, nous n'avons à nous en occuper qu'au point de vue des rapports qu'elle présente avec la thèse que nous avons soutenue. Du reste, nos conclusions aujourd'hui ne différeraient pas sensiblement de celles que nous avons présentées dans les articles. Une rectification pourtant est nécessaire. Parmi un grand nombre de faits d'expérience que nous avons exposés dans ce travail, et dont nous maintiendrions maintenant encore et la substance et l'interprétation, il en est un que nous avons reconnu plus tard n'être pas exact. Il paraît que, contrairement à ce que nous disions (p. 375), les clairvoyants peuvent apprendre à lire avec leurs doigts les lettres de l'alphabet Braille. Mais ce fait n'avait pour nous qu'une importance tout à fait secondaire.

(2) P. 117.

tuer indépendamment des sensations musculaires, l'élément commun à toutes ces sensations est commun aussi à toutes les représentations que nous pouvons nous faire de l'espace.

Ces ressemblances ne sont-elles point de nature à infirmer la thèse de l'irréductibilité des formes spatiales ? A l'égard des deux premières, on peut répondre sans aucune hésitation : non. Pour ce qui est de la troisième, la question revient à savoir si l'élément commun à toutes les formes d'espace, c'est-à-dire l'élément musculaire, est assez déterminé pour qu'on puisse le considérer comme étant l'espace lui-même dans son fond et dans sa nature essentielle, de sorte que les différences ne porteraient que sur des accidents. Or cette question est résolue pour nous par ce qui précède. La doctrine suivant laquelle le sentiment de la muscularité, dans ce qu'il a d'invariable et d'essentiel, suffirait comme élément à la constitution de l'idée d'espace, est la doctrine de l'école anglaise, que nous avons discutée longuement, et que nous avons dû, on s'en souvient, déclarer insuffisante. Si donc le sentiment de la muscularité n'est pas toute l'idée que nous avons de l'espace; si, pour constituer cette idée, il faut, comme il nous a paru, adjoindre aux sensations musculaires les sensations des sens spéciaux, la vue ou le toucher, nous sommes en droit d'affirmer que l'élément commun à toutes nos représentations de l'espace n'est pas l'idée même de l'espace; et ce n'est pas davantage une partie de cette idée, attendu que cette idée n'a point de parties, et qu'elle est tout entière ou qu'elle manque absolument. Voici dès lors comment on peut, ce semble, se représenter le rapport qu'ont entre elles la notion visuelle et la notion tactile de l'espace. Une même courbe est exprimée par deux équations, l'une en coordonnées rectilignes, l'autre en coordonnées polaires : les deux équations n'ont absolument rien de commun l'une avec l'autre, et toutes deux pourtant disent une seule et même chose, qui est la nature algébrique de la courbe. Une même pensée est exprimée en deux langues différentes, et les deux textes ne se ressemblent ni comme mots, ni comme structure grammaticale, ni d'aucune manière. La notion visuelle et la notion tactile de l'espace sont, l'une par rapport à l'autre, ce que sont ces deux équations ou ces deux textes; et nous disons qu'elles sont par là même radicalement hétérogènes et irréductibles entre elles; car les deux équations et les deux textes, bien que signifiant la même chose, sont pourtant irréductibles entre eux. Sans doute, il en serait autrement si la nature algébrique de la courbe pouvait se concevoir indépendamment de toute expression par une équation déterminée; si la pensée que formulent les deux textes pouvait être conçue indépendamment de toute formule en un texte quelconque, parce qu'alors cette nature algébrique et cette pensée constitueraient aux deux équations et aux deux textes un élément commun, qui même serait séparable. Mais c'est ce qui n'a pas lieu pour ces deux cas symboliques, et ce qui n'a pas lieu davantage pour l'espace lui-même. La commune signification des formes d'espace chez le clairvoyant et chez l'aveugle n'empêche donc pas leur irréductibilité.

CHAPITRE VII

LA DÉPENDANCE DE L'ESPACE A L'EGARD DE L'ORGANE PERCEPTEUR ET LA DOCTRINE DE L'ESPACE A PRIORI.

I. — Placer, comme nous l'avons fait, l'espace sous la dépendance du sens par lequel il est perçu, c'est-à-dire en définitive, rattacher sa structure à celle de nos organes, est évidemment une chose grave, parce que c'est donner à l'espace, à ce qu'il semble du moins, le caractère d'un phénomène de sensibilité. La doctrine que nous avons proposée au sujet de l'origine psychologique de l'idée d'espace tendrait donc à donner raison à l'empirisme en tant que théorie générale de la connaissance humaine. Sans doute, si cette doctrine s'imposait par elle-même, ce ne serait pas lui opposer une objection recevable que de signaler les conséquences empiriques qu'elle entraîne. Il ne s'agit donc nullement de nous défendre contre un pareil reproche. Mais, si nous n'avons pas à nous défendre, nous avons à nous expliquer, parce qu'il importe toujours grandement, lorsqu'on adopte une conception, de savoir au juste où elle peut conduire, et quel est le système'général d'idées philosophiques dans lequel elle est de nature à prendre place.

8.

La doctrine à laquelle notre thèse, mettant l'espace à quelques égards sous la dépendance des organes, s'oppose de la manière la plus directe, c'est la doctrine de Kant. Très convaincu que la notion d'espace est une notion universelle et nécessaire de l'esprit humain, Kant ne concevait pas l'espace autrement que *pur* et entièrement indépendant des sens. Il ne sera donc pas inutile, pour l'établissement de nos principes, de discuter ses idées sur ce point.

Pour cela, il est nécessaire d'abord que nous nous efforcions de déterminer avec précision le sens véritable de la théorie de Kant. On considère assez généralement ce sens comme fixé sans ambiguité : en fait, il s'en faut de beaucoup qu'il en soit ainsi. La théorie de l'espace *forme a priori de notre sensibilité*, telle qu'on l'entend dans l'école de Kant, c'est-à-dire la théorie d'après laquelle les organes ne prendraient aucune part à la constitution de notre idée de l'espace, peut donner, et donne lieu effectivement chez les Kantiens, à deux interprétations très différentes : 1° l'espace serait en nous une intuition devançant l'expérience, sinon chronologiquement, du moins logiquement; nous nous représenterions d'abord l'espace, et ensuite les phénomènes dans et par l'espace ; 2° nous n'aurions de l'espace aucune intuition antérieurement à l'expérience ; mais les phénomènes ne pourraient se constituer et devenir objets pour nous qu'à la condition de revêtir la forme extensive, laquelle leur serait imposée *a priori* par l'esprit lui-même, et par conséquent, de former par la juxtaposition de leurs étendues respectives l'espace total. Dans le premier cas, l'espace serait une réalité, puisque ce serait une représentation ; dans le second, ce serait une loi suivant laquelle la représentation se constitue.

De ces deux manières de concevoir l'espace *a priori* laquelle est celle de Kant ? C'est un point qui n'a pas été généralement remarqué, à ce qu'il semble, mais nous ne croyons pas nous tromper en disant que toutes deux ont été adoptées par lui tour à tour suivant les circonstances et le point de vue auquel il était placé. A certains moments, pénétré de cette idée que la notion d'espace ne saurait être donnée par l'expérience, — ce que la seconde interprétation suppose expressément — Kant prend avec fermeté parti pour la première. C'est ce qui arrive, par exemple, lorsqu'il énumère les raisons qui lui paraissent militer en faveur du caractère *a priori* de la notion d'espace. Ces raisons, comme on sait, sont au nombre de quatre :

1° L'extériorité des choses par rapport à moi, et des choses les unes par rapport aux autres, est une conception qui n'a de sens que sous la condition de l'idée antécédente de l'espace ; et par conséquent, « pour que je puisse me représenter les choses comme en dehors et à côté les unes des autres, *il faut que la représentation de l'espace existe déjà en moi*[1] ».

2° « Il est impossible de se representer qu'il n'y ait point d'espace, quoiqu'on puisse bien concevoir qu'il ne s'y trouve pas d'objets. » Donc la représentation de l'espace ne dépend point de celle des objets, mais la représentation des objets dépend de celle de l'espace.

3° L'intuition de l'espace est une intuition une et simple, logiquement antérieure à l'intuition des parties qui le composent, très différente par conséquent de la notion que nous pouvons avoir des objets complexes, dans la-

_____

(1) *Critique de la Raison pure.* BARNI, t. I, p 77.

quelle l'idée des parties précède nécessairement celle du tout.

4° L'espace est représenté comme une grandeur infinie donnée, et comme contenant par conséquent une multitude infinie de représentations diverses. Donc l'idée d'espace n'est pas un concept, — c'est-à-dire une idée dégagée par abstraction de quelque fait d'expérience — car aucun concept ne peut avoir le caractère de renfermer en soi une multitude infinie de représentations possibles.

A ces quatre arguments Kant en ajoute ailleurs un cinquième, qui est celui-ci. Les démonstrations des mathématiques sont universelles et nécessaires. Ceci suppose que les figures de la géométrie, objets de ces démonstrations, sont construites par nous *a priori* dans l'espace, mais dans un espace dont l'intuition est elle-même donnée *a priori*, parce que nulle proposition universelle et apodictiquement nécessaire ne peut se rapporter à un objet dont l'intuition serait empirique[1].

Tout cela est assez clair, et l'on voit bien que jusqu'ici Kant a repoussé formellement la supposition que, l'espace étant constitué, de quelque façon d'ailleurs qu'il plaise de l'imaginer, nous apprenions à le connaître par l'expérience sensible. L'espace est une intuition *pure* et une intuition *a priori*.

Pourtant il n'est pas bien difficile d'apercevoir les objections multiples et irréfutables que soulève une pareille thèse. Si l'espace est représentable antérieurement, — ne fût-ce qu'au point de vue logique — aux phénomènes déterminés qui le remplissent, son rapport à ces objets n'est plus intelligible ; car on ne peut pas le concevoir

(1) Pages 80 et 102.

comme autre chose que la *forme* de ces phénomènes ; et l'on sait qu'il ne peut pas plus y avoir de forme sans matière que de matière sans forme. Puis, l'espace ainsi conçu serait absolu en quelque manière, au moins à titre de représentation de l'esprit; c'est-à-dire que ses différentes régions et directions, avec les parties qui le composent, subsisteraient en elles-mêmes indépendamment des phénomènes ; d'où il résulte que les corps y occuperaient des positions absolues, ou, si l'on aime mieux, des positions réelles et déterminées par l'espace lui-même, indépendamment des rapports qu'ils ont entre eux. Puis l'intuition de l'espace, quelle que soit l'unité de cette intuition, ne va pas sans quelque aperception de la multiplicité des parties dans lesquelles il se divise : or cette aperception des parties de l'espace est impossible, parce que ces parties sont toutes indiscernables entre elles, et que toute aperception ou intuition suppose quelque différenciation de ses objets les uns à l'égard des autres. Enfin, à supposer qu'une telle intuition de l'espace fût possible, et que l'esprit déployât, suivant l'expression de Lotze[1], « comme un filet prêt à prendre tout ce qui y tombera, l'intuition d'un espace infini à trois dimensions, toute formée et déjà achevée » ; il resterait à savoir comment les phénomènes peuvent venir se prendre dans cette sorte de piège, et surtout comment, avec nos organes, nous pouvons percevoir, en tant qu'étendus, ces phénomènes ainsi logés dans un espace dont l'intuition est tout intellectuelle, et ne dépend en aucune façon de l'organisme.

---

(1) *Revue philosophique*, t. IV, p. 345. Cité par M. Ribot (*Psychologie allemande*, p. 78).

Ajoutons que le fait d'admettre une intuition *a priori*
de l'espace constitue dans la philosophie kantienne une
anomalie assez singulière. En effet, si les catégories en
général, et particulièrement la loi de causalité, ne sont
point l'objet d'intuitions semblables; si ce sont seulement des conditions que les lois de l'aperception possible imposent *a priori* aux phénomènes, et auxquelles
les phénomènes doivent se soumettre pour pouvoir entrer
dans notre expérience, sans que d'ailleurs l'esprit ait pu
penser et se représenter d'avance d'une manière quelconque ces catégories, qui ne sont que de pures formes,
on se demande pourquoi l'espace n'a pas un caractère
analogue, et nous est présenté comme pouvant être par
lui-même un objet d'intuition intellectuelle.

En somme, lorsque l'on examine de près la théorie de
l'*intuition a priori*, il apparaît d'une façon assez nette, ce
semble, que, dans la pensée de Kant l'espace est encore
jusqu'à un certain point ce qu'il était aux yeux des an-
ciens Atomistes, et ce qu'il est resté aux yeux du vulgaire,
une sorte de capacité vide, amorphe, indéterminée, ayant
des directions pourtant et des régions diverses, — d'ailleurs indiscernables entre elles — en un mot une sphère
infinie dont chaque sujet sensible est le centre. La seule
différence qu'on puisse signaler à cet égard entre Kant et
les Atomistes, c'est que ces derniers font de l'espace une
réalité en soi, tandis que Kant en fait une simple représentation de l'esprit. Cette différence paraît considérable;
nous oserons dire qu'elle ne l'est pas. Est-ce en effet un
progrès vraiment important de mettre dans l'esprit seul
le fondement de l'espace, en lui retirant son existence
absolue, alors que l'on conserve à l'espace ainsi réduit à
l'état d'intuition subjective tous les caractères que le vul-

gaire attribue à l'espace objectif et absolu ? Cent thalers
réels ne contiennent rien de plus que le simple concept de
cent thalers, a dit Kant lui-même, discutant le fameux
argument ontologique de Descartes et de saint Anselme.
L'espace réel et l'espace représenté, dirons-nous après lui,
en reprenant sa propre pensée, ne diffèrent pas véritablement l'un de l'autre, s'ils diffèrent seulement par cette
circonstance que l'un n'existe que dans et par la représentation, tandis que l'autre existe par soi. Un espace
indéterminé, tout prêt à recevoir des corps, et dans lequel
les corps auront à prendre leurs places, est une fiction
également insoutenable, que cet espace et ces corps soient
considérés comme existant absolument, ou qu'on en fasse
des modes purement subjectifs de notre faculté représen-
tative ; parce que cette différence ne touche en rien à la
nature du concept d'un tel espace, lequel demeure en soi
plein de contradictions.

Cependant, du moment qu'il avait adopté cette conception, Kant devait au moins s'y tenir ; et, de fait, il s'y tient
tant qu'il ne considère que l'origine de la notion d'espace.
Mais, dès qu'il perd de vue cette question pour considérer
l'espace en lui-même comme chose et comme nature, il
se montre disposé au contraire à mettre le caractère
a priori de l'espace, non plus dans une intuition indépendante de l'expérience, mais dans une loi imposant aux
phénomènes la forme extensive comme condition essentielle à remplir par eux pour nous devenir des objets
d'expérience. Voilà pourquoi, après avoir dit [1] que
« l'espace n'est pas un concept discursif, ou, comme on

---

[1] *Critique de la Raison pure*, p. 78. V. aussi, p. 95, un
passage plus long, mais plus explicite encore à ce sujet.

dit, un concept universel de rapports de choses en général, mais une intuition pure », Kant déclare [1] que « tout ce qui, dans notre connaissance, appartient à l'intuition, ne contient que de simples rapports, des rapports de lieu dans une intuition (étendue), des rapports de changement de lieu (mouvement), et des lois qui déterminent ce changement (forces motrices) ». Et plus loin [2], raisonnant sur le temps, — mais tout ce qu'il dit alors du temps s'appliquerait rigoureusement à l'espace — il prouve la dépendance nécessaire des phénomènes entre eux par cette raison que, faute de cette dépendance, leur succession dans le temps serait inintelligible, puisque « le temps n'étant point perçu en lui-même », et les parties du temps n'étant point intrinsèquement différentes les unes des autres, il est impossible que ce soit le temps lui-même qui assigne aux phénomènes leurs positions respectives dans la série des successions ; d'où il résulte que ce ne sont pas les phénomènes qui sont dans le temps, mais bien plutôt le temps qui est dans les phénomènes, dont il est seulement le rapport en tant qu'ils se succèdent suivant certaines lois.

Ces contradictions ne sont pas particulières à Kant, on les retrouve chez tous les philosophes qui se sont inspirés de sa doctrine sur cette question. Nous n'en donnerons qu'un exemple. Des deux solutions opposées du problème de l'espace que nous venons de formuler la première est incontestablement celle que Kant préfère, et, s'il adopte la seconde, c'est pour un moment et comme par accident. M. Renouvier, qui fait profession de partager entièrement

(1) Page 104.
(2) P. 250.

les idées de Kant sur l'espace, parcourt identiquement le même chemin de l'une à l'autre, mais en sens inverse[1]. M. Renouvier est tout d'abord pénétré de cette pensée que l'espace ne peut être qu'un ensemble de rapports entre les phénomènes, ce qui le suppose existant dans et par les phénomènes, et non les phénomènes par lui. Aussi se range-t-il pleinement à l'opinion de Leibniz définissant l'espace « l'ordre des coexistences »; ce qui ne l'empêche pas d'ailleurs de faire la part de l'apriorisme, en considérant la forme d'espace comme une condition *a priori* de l'existence même des phénomènes en tant qu'objets de représentation pour nous et même pour tout être sensible. Partant de là, il serait naturel que M. Renouvier considérât la notion d'espace comme dérivée de l'intuition empirique des choses sensibles; et de fait, lorsqu'il discute avec M. H. Spencer l'origine de l'idée de temps, il se défend d'avoir jamais voulu dire que l'idée de temps soit en nous antérieure à l'expérience; il attribue à Kant l'opinion que cette idée dérive de l'expérience au contraire[2], et pour ce qui le concerne, il accorde que, du moment qu'il est admis que la pensée est possible seulement dans le temps, l'idée propre et distincte du temps ne peut nous venir que de l'expérience de la succession de nos pensées[3]. Une pareille manière de voir au sujet du temps implique évidemment au sujet de l'espace une opinion corrélative. Cependant, lorsqu'il examine contradictoirement avec Stuart Mill la question de l'origine de l'idée d'espace, M. Renouvier se refuse absolument à

(1) *Essais de critique générale.* (*Logique*, t. I, p. 309 sqq.)
(2) P. 351.
(3) P. 355.

admettre que l'idée des corps précède logiquement en nous celle de l'espace, ou que l'espace nous apparaisse comme la somme de toutes les directions possibles; il soutient au contraire que l'idée d'un corps particulier, ou celle d'une direction déterminée, présuppose avant elle l'idée de l'espace en général; c'est-à-dire qu'il revient purement et simplement à la thèse de Kant, faisant de la notion d'espace une intuition qui devancerait en nous toute expérience positive, et qui même serait la condition absolue d'une telle expérience.

II. — Cette sorte de chassé-croisé entre deux opinions dont l'une pourtant exclut l'autre, cette fatalité logique qui contraint Kant et ses interprètes modernes à passer de la première à la seconde, pour revenir ensuite de la seconde à la première, et cela sans transition, unique_ment sous l'impulsion des besoins du moment, montre avec évidence quelle est la nécessité de constituer la théorie de l'origine de l'idée d'espace sur des bases nouvelles. Si Kant s'est trouvé contraint de passer quelquefois de la première de ces deux opinions à la seconde, c'est que la première, comme nous l'avons vu, le laissait aux prises avec des difficultés insolubles. Mais pourquoi M. Renouvier a-t-il dû, inversement, passer de la seconde à la première? C'est que, dans la thèse qu'il avait adoptée, le caractère *a priori* de l'espace demeurait une hypothèse sans fondement, n'était ni démontré, ni susceptible de l'être.

En effet, l'intuition *a priori* de l'espace qu'admettait Kant une fois rejetée, qu'est-ce qui autorise à soutenir que l'esprit intervient dans la constitution des phénomènes sous forme extensive? Est-ce l'universalité de cette forme

dans tous les phénomènes constatés? Mais cette universalité n'est qu'un fait empirique, un fait douteux par conséquent; de plus c'est un fait que M. Spencer expliquerait
fort bien par une loi objective des choses elles-mêmes.
Est-ce l'impossibilité où nous sommes de concevoir un
phénomène qui ne soit point dans l'espace? Mais cette
impossibilité ne serait un fait premier et irréductible
que si l'espace était pour l'esprit l'objet d'une intuition
primordiale, et la condition de toutes les autres intuitions :
cette dernière assertion écartée, l'impuissance de l'esprit
à concevoir aucun phénomène, ou, pour parler plus exactement, aucun corps en dehors de l'espace, devient, comme
la forme objective de l'espace, un simple fait empirique,
qui semble devoir s'expliquer sans difficulté par la loi
d'association inséparable. Est-ce enfin cette raison qu'il
ne peut y avoir une science géométrique, avec des propositions apodictiques d'une valeur universelle et nécessaire,
que sous la condition du caractère *a priori* de l'espace
comme forme des phénomènes? Il y a là, en effet, une
thèse que Kant a soutenue avec vigueur; mais, si l'on
veut bien relire avec attention les passages de son *Esthé-
tique*[1] où il a cherché à l'établir, on reconnaîtra sans
peine que ses raisonnements tendent toujours à prouver
l'une de ces deux choses : 1° que l'espace n'est pas une
propriété des choses en soi, et qu'il n'a qu'une valeur
subjective et relative; 2° que l'espace est pour nous l'objet d'une intuition *a priori*. De ces deux points le premier
n'est pas en cause, il est donc inutile d'en parler ici; et
quant au second, il est clair que, si le raisonnement de
Kant ne vaut rien, il n'y a aucun parti à en tirer; s'il est

____

(1) V. en particulier, à cet égard, *Critique de la Raison
pure*, t. II, p. 79, 80, 102 sqq.

bon, il prouve tout autre chose que la thèse de notre auteur.

A quoi tient ce défaut de la théorie de M. Renouvier, et quelle modification y aurait-il lieu d'apporter à cette théorie pour le faire disparaître ? Car c'est évidemment de ce côté qu'il faut chercher la solution du problème, et non du côté de l'intuitionisme de Kant. La cause de ce défaut est assez facile, ce semble, à apercevoir. M. Renouvier suppose l'espace constitué antérieurement — d'une antériorité qui, à la vérité, n'est peut-être que logique, mais peu importe — à la perception que nous en prenons au moyen de nos organes. Il suit de là que l'espace n'est plus pour nous qu'un objet quelconque, dont nous avons à prendre connaissance par nos sens, comme nous prenons connaissance de tous les phénomènes qui nous environnent, et dont, par conséquent, nous ne pouvons jamais avoir qu'une notion empirique. Donc, pour pouvoir rendre à l'espace son caractère de forme *a priori* des phénomènes du sens externe, sans avoir besoin pour cela de revenir à l'intuitionisme de Kant, il n'y a qu'un moyen : c'est d'admettre que l'acte de l'esprit imposant aux phénomènes la forme d'espace et l'acte de l'esprit percevant cette forme dans les phénomènes sont, non pas deux actes distincts, dont l'un pourrait être antérieur à l'autre, fût-ce d'une antériorité purement logique, mais un seul et même acte; c'est-à-dire qu'il faut que construire l'espace et le percevoir soient pour nous une seule et même chose.

III. — Mais est-il vrai qu'il n'y ait pas incompatibilité entre le caractère *a priori* de la notion d'espace et la dépendance des formes de l'espace à l'égard du sens par

Lequel l'espace est perçu? Les philosophes de l'école associationiste anglaise se seraient donc gravement trompés
quand ils ont pensé qu'il leur suffisait, pour ruiner la
doctrine de l'*a priori* au sujet de la notion d'espace, de
montrer que cette notion est engendrée en nous par le
sentiment de notre activité musculaire? Nous croyons que
ces philosophes se sont trompés gravement, en effet, et
nous allons en donner les raisons.

Quelle est la vraie question sur laquelle porte le débat
entre les partisans de l'empirisme et les partisans de la
connaissance *a priori?* Cette question c'est de savoir :
1º s'il y a de la nécessité dans l'univers; 2º si nous pouvons connaître cette nécessité, et nous y appuyer pour
devancer l'expérience. Mais ce double objet du litige se
réduit en réalité à un objet unique; attendu que, s'il y a
de la nécessité dans l'univers, il faut aussi qu'il y en ait
dans l'esprit; et que, réciproquement, s'il y a de la nécessité dans l'esprit, il est impossible qu'il n'y en ait pas
dans l'univers. Sur ce point, d'ailleurs, l'accord est à peu
près unanime parmi les philosophes. Les aprioristes
l'acceptent, cela va de soi. Quant aux empiristes idéalistes,
comme MM. Stuart Mill et Bain, ils n'ont pas lieu de le
rejeter, puisque précisément, en tant qu'idéalistes, ils
identifient les événements extérieurs avec nos sensations,
et par conséquent, ils ne peuvent pas admettre que ces
événements se déterminent les uns les autres suivant des
lois absolues sans introduire dans nos sensations, c'est-
à-dire dans l'esprit lui-même, des lois semblables [1]. C'est

---

[1] Il est bien entendu que la loi d'association inséparable
est ici tout à fait hors de cause. Le lecteur assurément ne s'y
méprendra pas. Sans doute il peut exister dans notre esprit
des nécessités de penser engendrées par une expérience

seulement du côté des empiristes réalistes que des objections à cet égard sont à prévoir. M. Spencer, par exemple,
n'admettrait pas que ce soit la même chose de dire : les
phénomènes extérieurs sont unis entre eux par des rapports nécessaires, et ; nos sensations sont unies entre
elles par de tels rapports. Il soutiendrait qu'il y a possibilité d'accepter la première de ces deux propositions en
rejetant la seconde, et que, par conséquent, il n'est pas
juste de dire que la négation de lois absolues présidant *a
priori* à la constitution de notre représentation entraine
l'impossibilité d'admettre que les phénomènes du monde
extérieur eux-mêmes obéissent à des lois universelles et
nécessaires. Il nous faut donc, pour pouvoir aller plus
loin, discuter la doctrine de M. Spencer sur ce sujet.

Que le réalisme de M. Spencer l'autorise à mettre de la
nécessité dans l'univers sans mettre dans l'esprit une né-

répétée, desquelles il serait injuste de dire qu'elles constituent des conditions *a priori* de notre représentation ; mais
ce n'est pas de ce genre de lois de la pensée qu'il s'agit en
ce moment. Ce que nous voulons dire c'est que, aux yeux de
Bain et de Stuart Mill, la sensation et le phénomène extérieur ne faisant qu'un, si l'on attribue au phénomène extérieur une nature absolue et des propriétés essentiellement
constitutives, on n'a pas le droit de refuser à la sensation, et
par conséquent à l'esprit, cette même nature et ces mêmes
propriétés. Par exemple, si l'on admet qu'un volume de vapeur
d'eau est *toujours* formé par la synthèse de deux volumes
d'hydrogène et un d'oxygène, ni plus, ni moins, ni autrement ; si l'on admet qu'une surface d'un mètre carré comprend *nécessairement* et tout juste cent décimètres carrés, et
ainsi du reste, comme ce volume d'eau et ce mètre carré sont
des sensations en même temps que des choses extérieures,
tout ce que l'on y reconnait d'absolu et de nécessaire est le
fait de la sensation, et par conséquent, le fait de l'esprit.
Voilà ce que nous disons, et l'on doit bien voir que la loi
d'association et ses effets sur notre mode de penser sont totalement en dehors de la question.

cessité corrélative, il faudrait l'accorder, si ce réalisme
pouvait être absolu et sans restriction ; mais c'est ce qui
n'est pas. Il est en effet certain que, si nos sensations pouvaient n'être que des copies exactes des phénomènes
extérieurs supposés existants par soi, le fait que ces phénomènes sont constitués suivant des lois nécessaires
n'entrainerait pas la conséquence que nos représentations
elles-mêmes sont constituées d'après des conditions *a
priori*, et il n'y aurait pas lieu de reconnaître dans l'esprit d'autres nécessités de penser que celles que peut en-
gendrer la loi d'association inséparable. Mais du moment
qu'au contraire on admet, comme le fait M. Spencer, la
relativité et la subjectivité de la connaissance sensible, on
n'est plus en droit de recourir à l'hypothèse de lois absolues gouvernant la chose en soi inconnaissable pour
expliquer l'existence des rapports nécessaires que présentent les phénomènes sensibles par lesquels cette chose
en soi se manifeste à nous. Voici la raison de cette différence.

On se rappelle que M. Spencer, pour mieux faire entendre la nature du *réalisme transfigure*, qui est sa doctrine, a proposé comme symbole de la relation qui doit
exister d'après lui entre les choses en soi et les représentations qui leur correspondent en nous, la relation existant entre un cube et la projection de ce cube sur la surface d'un cylindre[1]. Pour prouver la justesse de sa
comparaison, M. Spencer ajoutait que l'image obtenue
par cette projection ne ressemble en rien à celle du cube
lui-même, et que, bien qu'il y ait une correspondance
exacte entre les variations de position du cube et les va-

(1) *Principes de psychologie*, t. II, p. 516.

riations de l'image, celles-ci sont nécessairement beaucoup plus compliquées que les premières, et, par conséquent, n'en peuvent donner, directement au moins, aucune idée. Voilà exactement la nature des rapports qui unissent le phénomène sensible à l'absolu inconnaissable qu'il manifeste à sa manière. Si cette comparaison rend bien la pensée de M. Spencer, et nous croyons qu'elle la rend très bien en effet, nous pouvons nous y appuyer. Or cette comparaison met justement à nu la faiblesse du système de son auteur au point de vue qui nous occupe. M. Spencer n'a pas pris garde à une chose, c'est que, si les variations de position du cube se produisent suivant une loi définie, les variations de l'image devront se produire suivant une autre loi qui sera définie également, quoique beaucoup plus complexe, mais qui, étant *fonction* de la première, ne sera pas déterminable en soi et indépendamment de celle-ci. La conséquence c'est que, si la loi des variations de position du cube demeure totalement inconnue, — et c'est là précisément ce que suppose M. Spencer dans sa comparaison — la loi des variations de l'image ne peut plus être exprimée en une formule algébrique quelconque. Dès lors, là où en fait règne l'ordre, il n'y a plus pour nous qu'une confusion absolue et un chaos inextricable : l'énigme nous est à jamais indéchiffrable, puisque la loi des variations de position du cube, qui en est la clef, nous demeure inconnue. Transportez ceci aux relations de la chose en soi et du phénomène qui la manifeste, il ressort cette conclusion que, dans le cas même où la chose en soi serait soumise à des lois, et où ces lois auraient leur expression dans le monde phénoménal, comme, par hypothèse, il nous est toujours impossible d'expliquer le monde phénoménal par ces lois, le monde phénoménal, quoique réglé en soi, devrait présenter à nos yeux l'apparence du désordre le plus absolu, ce qui n'est pas. On voit donc bien qu'il ne suffit pas, comme le croit M. Spencer, de supposer l'*incognoscible* régi par des lois immuables pour expliquer comment le monde de notre expérience est lui-même régi par de telles lois; et que, par conséquent, le caractère absolu des rapports que présentent les phénomènes de l'ordre sensible a son principe dans la représentation même du sujet, c'est-à-dire dans l'esprit.

La même chose pourrait se prouver plus simplement encore par la raison que voici. Du moment qu'il est admis que le sujet sentant, quelle que puisse être d'ailleurs sa nature, n'est pas une pure réceptivité, et qu'il déforme par sa réaction propre les caractères de la chose en soi qu'il exprime à sa manière, il faut bien admettre aussi que, s'il y a dans les objets de sa représentation des rapports universels et nécessaires, le principe de ces rapports est en lui-même, et que, par conséquent, l'expérience sensible est soumise, dans le sujet en question, à des conditions *a priori*. Ainsi l'empirisme à beau se faire réaliste, du moment qu'il admet la relativité de la connaissance expérimentale, il n'échappe pas à la nécessité, soit de se renier lui-même, soit de réduire le monde à un ensemble de phénomènes sans autres rapports entre eux que des rapports de succession accidentelle dans le temps.

Voilà ce que Hume avait admirablement compris, mais ce que n'ont pas compris aussi bien que lui peut-être les autres philosophes empiristes; car Stuart Mill lui-même, à qui pourtant n'ont manqué ni la sincérité ni la clairvoyance, semble avoir toujours craint de plonger son

9.

regard jusque dans ce fond ultime de la doctrine qu'il professait. De là chez Hume la négation obstinée de tout rapport de dépendance des phénomènes entre eux, quelque uniformes et constantes que soient les successions de faits que l'expérience nous présente. Ces successions ne sont, d'après lui, que de purs accidents, de simples hasards, du moins au regard de l'intelligence humaine, dont l'impuissance à se les expliquer est absolue; et vraisemblablement il en est de même au regard de toute intelligence. Aussi est-ce faire preuve à la fois d'illusion et d'impertinence, à son avis, que de s'obstiner à en demander le *pourquoi*. Voilà la vraie logique de l'empirisme. C'est cette intellection si nette, et cette profession si formelle des conséquences radicalement sceptiques qu'entraîne la doctrine à l'égard du déterminisme des faits extérieurs qui fait la force, l'originalité, la saveur même de la philosophie de Hume, en même temps que sa très réelle supériorité, du moins à certains égards, sur tous ses successeurs.

Il est donc bien vrai de dire, comme nous l'avons fait, que la véritable question entre empiristes et aprioristes est, non pas de savoir si les organes concourent ou non à la formation de l'idée d'espace, mais si les formes d'espaces que nous nous représentons donnent lieu, quelle que soit leur origine, à des rapports absolus et nécessaires entre leurs éléments. Cette question, nous n'avons pas à la traiter ici : prouver qu'il y a en mathématiques des propositions universelles et nécessaires ne rentre pas dans le cadre de notre sujet. Nous pouvons donc nous dispenser de présenter les raisons d'ordre général par lesquelles on a coutume de réfuter l'empirisme sur ce point. Mais, si ce n'est pas le lieu de faire appel à ce qu'Aristote appelait autrefois les *principes communs* de la spéculation, c'est-à-dire à des considérations qui ne se rapporteraient en rien, d'une manière particulière, à la théorie qui fait intervenir les organes dans la constitution de l'idée d'espace, la question redevient nôtre, au contraire, si nous pouvons la traiter par des *principes propres*, c'est-à-dire par des principes tirés du fond même de cette théorie. Or il est aisé de montrer que cette théorie, avec la diversité des formes d'espace qu'elle entraine suivant que l'espace est perçu par tel ou tel sens, fournit de l'empirisme en mathématiques une réfutation toute nouvelle, et peut-être décisive.

En effet, les clairvoyants et les aveugles ont, disons-nous, des figures de la géométrie deux séries de représentations irréductibles entre elles. Cependant il n'y a qu'une seule et même science géométrique pour les uns et pour les autres. Il est donc certain que l'ensemble des vérités qui constituent cette science ne tient pas à l'exercice des sens, qui ne donne aux clairvoyants et aux aveugles aucune notion commune. Par conséquent, la géométrie, et l'algèbre à laquelle la géométrie se ramène, sont bien, contrairement à ce que prétendent les empiristes, et à ce qu'a prétendu surtout Stuart Mill, des sciences purement rationnelles et purement *a priori*.

IV. — Il reste pourtant une difficulté. Si les formes d'espace sont créées par nous, en même temps que perçues dans l'exercice de nos sens, si elles dépendent de nos organes par conséquent, d'où vient que ces formes peuvent être l'objet de propositions universelles et nécessaires comme sont les théorèmes des mathématiques? Peut-il donc y avoir quelque chose d'absolu dans l'ordre sensible ; et n'est-il pas admis, au contraire, par tous les philosophes que sensation c'est nécessairement subjectivité, relativité, contingence ? Cette difficulté, la théorie kantienne, d'après laquelle les figures mathématiques étaient des *constructions a priori* de l'imagination unie à l'entendement, n'y donnait pas prise, à ce qu'il semble, puisqu'elle établissait une distinction radicale entre les images sensibles des objets corporels et les figures mathématiques purement intelligibles et créées par l'imagination dans l'espace idéal : mais pour nous, qui nions l'intuition de cet espace idéal et indéterminé, et qui croyons à la génération des formes d'espace par les sens dans l'acte même par lequel ces formes sont perçues, ne mettons-nous pas les concepts géométriques sous la dépendance de la sensibilité ? Et alors, comment comprendre l'universalité et la nécessité des théorèmes auxquels ils donnent lieu ?

Cependant, si l'on veut bien y réfléchir, on reconnaîtra sans peine que ce n'est pas pour la théorie que nous proposons que la géométrie est un embarras, c'est, au contraire, pour celle de Kant. Que disons-nous en effet? Rien autre chose que ceci : *la géométrie est, non pas une science de choses, mais une science de rapports.* Si donc on part de ce principe que la géométrie se confond en réalité avec l'algèbre, et que toute la différence entre les deux sciences tient à ce que l'algèbre envisage les rapports de quantité en eux-mêmes, dans leur pure essence abstraite, tandis que la géométrie envisage ces mêmes rapports incorporés en quelque sorte dans des formes concrètes et sensibles, comment s'étonner que ces formes concrètes et sensibles puissent être subjectives et relatives, variables même d'homme à homme, sans que pour cela les rapports abs-

traits, dont elles sont comme le revêtement, perdent leur
caractère purement *a priori* et purement intelligible; de
sorte que la géométrie, dont ces rapports demeurent toujours l'unique objet, puisse être absolue, malgré la relativité des figures géométriques? Dira-t-on que les éléments
d'une conception sensible ne peuvent être reliés entre eux
par des rapports intelligibles? Mais alors que fait-on des
rapports? Dans quel monde les relègue-t-on? Et d'autre
part, comment conçoit-on que l'intelligence puisse trouver
un objet pour elle-même dans le monde phénoménal?
Il semble donc naturel et nécessaire d'admettre tout à la
fois que les figures géométriques peuvent varier de structure, et que, dans chacune de ces figures, toute dépen-
dante des sens qu'elle est, l'intelligence peut retrouver
des rapports absolus. Or, si ces deux points sont admis,
on n'a plus rien à nous opposer au nom de la géométrie.
Pour Kant il en est autrement, et sa doctrine donne lieu
à des objections auxquelles il lui serait peut-être difficile
de répondre.

Nous avons admis autant de séries de figures géométriques qu'il peut y avoir de sens constructeurs de l'espace.
Kant n'en peut admettre qu'une seule, et par la il est
contraint d'attribuer à ces figures, indépendamment des
rapports abstraits que le géomètre y découvre, un certain
caractère d'universalité et de nécessité, c'est-à-dire qu'il les
fait absolues en tant que figures. Mais cela revient à nier
cette vérité certaine que la géométrie est en totalité
réductible à l'algèbre, puisqu'en dehors des rapports abstraits que l'algèbre exprime il y a alors dans les figures
géométriques quelque chose d'universel, de nécessaire,
et partant de scientifique, que l'algèbre n'exprime pas.
De plus ces figures, tout absolues qu'elles sont, ne sont

pourtant pas d'une nature étrangère à celle des sens, puisque nous en retrouvons dans le monde sensible des copies déformées et imparfaites. Or, comment comprendre que le sensible puisse être absolu, c'est-à-dire qu'il soit intelligible au même titre que les rapports que l'esprit aperçoit en lui? Que le sensible soit constitué d'après des lois, et que ces lois soient intelligibles, personne ne le contestera : mais que le sensible soit intelligible en lui-même, comme chose et comme objet de l'intelligence, c'est là une idée qui n'est jamais venue peut-être à l'esprit d'aucun philosophe.

En un sens, cependant, il est juste de dire que les figures géométriques doivent être absolues pour pouvoir être objets de science. Si, en effet, elles étaient imparfaites et irrégulières, comment pourraient-elles donner lieu à des rapports absolus? Il faut donc qu'elles soient parfaites, c'est-à-dire d'une régularité idéale. On pense, en général, que cette régularité n'existe que pour l'intelligence, et que le géomètre n'est pas en peine pour démontrer un théorème sur une figure mal construite, parce qu'il la rectifie au moyen de la définition. Il y a du vrai dans cette opinion; mais il est une chose dont on ne tient pas assez compte, et qui pourtant est sûre, c'est que, si nous n'avions jamais eu de figures parfaites dans les sens, nous n'en aurions pas non plus dans l'esprit. Tout le monde accorde, en effet, que jamais nous n'eussions créé les conceptions idéales de la droite et du plan, ni même probablement celles du triangle et de la circonférence, si nous n'avions jamais perçu ni droites, ni plans, ni triangles, ni circonférences dans le monde sensible. Or, pour qu'une droite sensible nous donne lieu de concevoir la droite idéale, il faut qu'elle-même soit une droite, et non pas autre chose. Mais une droite imparfaite n'est pas une droite, c'est une ligne courbe ou brisée. Il faut donc que la droite sensible soit parfaite : elle l'est effectivement, ainsi que nous allons le montrer.

Nous disons qu'*une droite sensible est parfaitement régulière par le seul fait qu'elle apparaît telle.* En effet, admettons pour un moment que ce qui nous apparaît comme une ligne droite ne soit en réalité qu'une ligne brisée, présentant avec la ligne droite des différences trop faibles pour être perceptibles à nos organes. Il est certain que ces différences apparaîtraient si nos organes avaient plus de puissance; et par conséquent, en regardant la ligne en question avec un instrument d'optique grossissant, comme une loupe, nous verrions une ligne irrégulière et brisée, composée d'une multitude de petites lignes droites. — Laissons de côté la supposition que parmi les éléments de cette ligne il puisse s'en trouver de courbes, afin de ne pas compliquer inutilement le raisonnement. — Cela étant, nous demanderons de quel droit on considérerait l'une de nos deux perceptions comme plus véritable que l'autre. Toutes deux sont relatives aux conditions de vision dans lesquelles elles se produisent : toutes deux sont également légitimes et vraies dans leur rapport avec ces conditions. Comment donc pourrait-on préférer la seconde à la première, et dire que la ligne est brisée plutôt que droite? Dira-t-on que nos perceptions doivent avoir plus d'exactitude quand nos organes ont plus de puissance? Cela peut être vrai à certains égards, mais cela est faux au point de vue où nous sommes placés ici. Les petites lignes droites, en effet, dans lesquelles se résout la grande pour mon œil armé d'une loupe, si je les regardais avec une autre loupe plus forte, m'apparaîtraient, comme la grande ligne, brisées et composées de lignes droites plus petites. Si donc la régularité parfaite de la ligne vue à l'œil nu est une illusion, celle de la ligne vue à la loupe n° 1 en est une aussi, celle de la ligne vue à la loupe n° 2 de même, et ainsi de suite; c'est-à-dire que nous courons sans fin à la poursuite d'un absolu insaisissable, je veux dire d'une ligne qui soit droite, non pas seulement en apparence, mais encore en réalité. Et pourtant, indépendamment des lignes courbes, que nous sommes convenus de laisser hors de cause, il est certain que nous ne pouvons concevoir que des lignes droites et des lignes brisées, c'est-à-dire des assemblages de lignes droites : l'analyse mathématique ne nous révèle pas autre chose, et ne peut pas porter sur un autre objet. Donc il faut qu'il existe des lignes droites, et dans la nature, et dans notre représentation : et comme ni la nature, ni la représentation n'en comportent d'autres que celles que nous pouvons voir soit à l'œil nu, soit au moyen d'instruments grossissants; comme, d'autre part, tout ce qui est vrai de celles qu'on voit avec des instruments l'est également de celles qu'on voit à l'œil nu, il en faut conclure qu'une ligne est réellement et parfaitement droite quand elle nous apparaît telle.

Ainsi, non seulement nous créons en les percevant les formes des objets, mais nous les créons mathématiquement régulières. Et, qu'on le remarque bien, nous ne créons que ces formes parfaites, puisque les lignes brisées les plus irrégulières dans leur ensemble sont encore composées de lignes droites parfaites. Ce que nous venons de dire des lignes brisées et des lignes droites serait du reste applicable à toutes les figures géométriques sans exception. Ainsi l'on prouverait, par un raisonnement tout à fait analogue à celui dont nous nous sommes servi, que les lignes courbes les plus fantaisistes sont décomposables en parties de courbes susceptibles de recevoir des définitions géométriques ; et que les surfaces les plus irrégulières ne sont que des assemblages de plans, de calottes sphériques et de portions de surface dont chacune prise à part possède dans notre représentation, et par conséquent aussi dans la réalité, les caractères idéaux des figures de la géométrie pure. Nous pouvons donc dire, avec Descartes et Leibniz, — mais à la vérité dans un sens différent du leur — que « le sensible n'est que de l'intelligibible enveloppé et confus » ; ou plutôt, qu'il est l'intelligible même dans sa pure essence, puisque les formes qu'il revêt sont parfaites en soi, et par suite entièrement intelligibles.

V. — Mais enfin, comment comprendre qu'il puisse y avoir de l'absolu dans ce qui est du domaine de nos sens? Cette difficulté vient de ce que l'on confond deux choses bien distinctes. L'unique fonction qu'on ait coutume d'attribuer aux sens c'est la perception d'objets particuliers occupant des situations déterminées dans le temps et dans l'espace ; et, comme cette perception a le caractère d'un fait purement accidentel tant que la raison n'a pas rattaché le phénomène perçu à des phénomènes différents suivant les lois de la nature, on est tenté de croire que tout ce qu'il peut y avoir de déterminé dans les choses extérieures répond en nous à une faculté autre que les sens. De là l'idée communément répandue que les données sensibles sont l'indétermination et l'incohérence mêmes. Aussi oppose-t-on les sens à la raison comme le phénomène à la loi, la contingence à la nécessité. Tout cela est juste, assurément; mais ce qu'il ne faudrait pas oublier, et ce qu'on oublie trop, c'est qu'antérieurement même à la fonction de perception il y a dans les sens une fonction de création et de constitution des phénomènes sensibles. Or, si l'une de ces deux fonctions paraît s'exercer au hasard, — ce qui n'est pas, car une perception est une forme de notre activité, et l'on ne conçoit pas une activité qui n'obéisse à aucune loi : le hasard, ici comme partout, n'est rien que l'expression de notre impuissance à prévoir — l'autre, au contraire, est parfaitement déterminée; puisque, manifestement, la structure des formes de l'espace dans notre expérience est soumise à des lois absolues. C'est donc une vue très superficielle de l'esprit que de considérer toute détermination comme venant de la raison, et de croire que, les sens étant hétérogènes à la raison, n'en peuvent admettre aucune.

Une autre observation encore est nécessaire. Quand nous disons que l'espace est construit par le sens en même temps qu'il est perçu, nous n'entendons pas dire, assurément, que l'espace est construit pièce à pièce, comme il est perçu pièce à pièce. Des deux opérations de construction et de perception la seconde se passe dans le temps, la première est intemporelle [1]. L'unité de l'espace, en effet, exclut toute composition, toute addition de parties

---

(1) Nous avons essayé ailleurs de montrer (LE PROBLÈME DE LA VIE, *Revue philosophique*, t. XXXIII, p. 151) que le mouvement *à l'état naissant*, c'est-à-dire avant de s'être déployé sous forme d'étendue et de durée, détermine en quelque manière l'espace tout entier dans son infinité. Cette détermination de l'espace par le mouvement est donc vraiment intemporelle, puisqu'elle a lieu en dehors de la durée. Du reste, il est clair que dans la durée il ne peut rien y avoir d'un ni d'infini.

à parties. Du moment que l'espace est donné, soit en lui-même, soit dans notre pensée, il est donné tout entier avec son unité et son indivisibilité absolues. Voici donc comment il faut entendre l'unité de l'acte intellectuel par lequel l'espace est à la fois construit et perçu. Toutes les formes spatiales qui sont du domaine d'un sens particulier, la vue par exemple, font partie, en droit, d'un même monde, duquel sont exclues les formes spatiales appartenant à un sens différent, comme le sens du tact. Il suit de là que ces formes ont entre elles une corrélation et une connexion telles que, l'une quelconque étant donnée, toutes les autres se trouvent déterminées par là même, non pas sans doute à titre de choses actuelles, mais à titre de possibilités susceptibles de se réaliser sous l'empire de causes d'un autre genre. C'est ainsi que le système des formes d'espace qu'un sens perçoit ou peut percevoir est un, et que, par conséquent, toute opération d'un sens qui donne à un phénomène une forme particulière d'espace donne, du même coup, à tous les phénomènes des formes, non totalement déterminées à la vérité, mais pourtant déterminées à quelques égards, puisqu'elles sont corrélatives à la première. Quant à la simultanéité et à l'identité fondamentales des deux opérations de construction et de perception des formes d'espace, elle subsiste malgré tout ; car il est évident que le sens ne pose pas d'abord hors de lui une forme d'espace pour la reprendre ensuite à titre d'objet, et la percevoir.

Il est donc bien vrai que les formes spatiales par lesquelles les corps nous apparaissent délimités, — c'est-à-dire, pour les raisons que nous avons données, l'espace lui-même — sont des constructions dont la nature dépend de nos organes; et il est vrai aussi que ces constructions se font suivant des lois, et par conséquent *a priori*; de sorte que la doctrine de l'espace *a priori*, non seulement n'exclut pas les organes de toute participation à la formation de l'idée d'espace, mais encore qu'elle les requiert.

Si cette doctrine sur la perception de l'espace paraît juste, il s'ensuivra bien des conséquences importantes au point de vue métaphysique. Ces conséquences, on nous pardonnera de ne pas les exposer, même brièvement, parce qu'il y aurait trop à dire. La théorie psychologique de l'espace est la base nécessaire de la spéculation métaphysique, telle du moins que nous la comprenons. Etablir cette base, et lui donner, autant qu'il est en nous, toute la solidité possible, c'est assez pour un seul ouvrage : le reste viendra plus tard, s'il plaît à Dieu.

TABLE DES MATIÈRES

CHAPITRE PREMIER

La théorie empiriste

CHAPITRE II

La théorie nativiste.

CHAPITRE III

Théorie de Berkeley.

CHAPITRE IV

Théorie de l'école anglaise contemporaine.

CHAPITRE V

L'espace objet de perception visuelle.

CHAPITRE VI

L'espace visuel et l'espace tactile.

CHAPITRE VII

La dépendance de l'espace à l'égard de l'organe percepteur et la doctrine de l'espace a priori.

ÉVRLUX, IMPRIMERIL DL CHARLLS HÉRISSEY

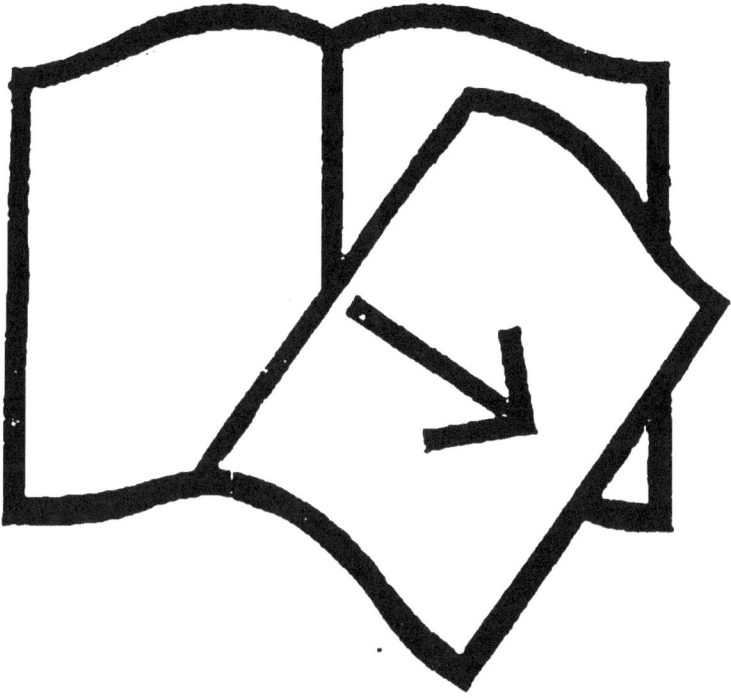

Documents manquants (pages, cahiers...)
NF Z 43-120-13

www.ingramcontent.com/pod-product-compliance
Lightning Source LLC
Chambersburg PA
CBHW072246270326
41930CB00010B/2282